KB250126

논리적으로 말하는 우리 아이

말짱 친구짱

논리적으로 말하는 우리 아이

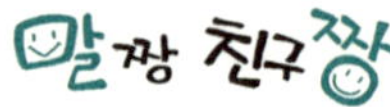

저자 이혜범

1판 1쇄 인쇄 2007년 2월 21일
1판 1쇄 발행 2007년 2월 28일

펴낸이 김영곤
펴낸곳 (주)북이십일 21세기북스
책임편집 오원실
기획편집 이상우, 김수연
마케팅 영업 윤지환, 이희영, 유정희, 정원지
디자인 디자인플랫(02-337-9597)

등록번호 제 10호-1965호
등록일자 2000. 5. 6.

주소 경기도 파주시 교하읍 문발리 파주출판문화정보산업단지 518-3
전화 (031) 955-2117(기획/편집) | (031) 955-2100(영업)
팩스 (031) 955-2122
E-mail book21@book21.co.kr
홈페이지 www.book21.co.kr

값 9,000원
ISBN 978-89-509-1104-1 13370

* 이 책 내용의 일부 또는 전부를 재사용하려면 반드시 (주)북이십일의 동의를 얻어야 합니다.
* 잘못 만들어진 책은 구입하신 서점에서 교환해 드립니다.

21세기북스

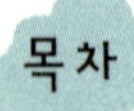

목차

서문 논리적으로 말하는 학습이 필요한 이유 6

제1장 21세기의 성공 제1법칙, 커뮤니케이션 11

1 어린 시절 형성된 언어 습관의 중요성 13

2 아이들 시각에서의 논리 21

3 부족한 발표력과 자신감, 연습으로 해결 26

Tip 반장 선거 대비하기 29

Tip 반장 선거의 유의점 30

Tip 커뮤니케이션 강사, 이혜범의 반장 선거 노하우 38

제2장 논리적으로 말하기 실천 프로젝트 45

1 논리적 사고력 향상법 47

2 기본 스피치 능력 습득 57

Tip 말하기의 기본 64

3 여아와 남아의 언어발달 차이 66

4 학년별로 달라지는 말하기 방법 71

5 성향별 의사 표현법 76

6 말하기의 다양한 문제점 87

7 높임말의 올바른 사용 119

Tip 발표와 토론 위주로 수업이 진행되는 선진국의 말하기 교육 122

제3장 생활 속의 쉽고 재미있는 논리적 말하기 129

1 책, 신문, 전단지 등 인쇄물을 이용한 놀이방법 131

2 현장에서 할 수 있는 학습법 140

3 시청각 자료와 문화 예술 공연 학습법 143

4 준비물 없이 언제 어디서나 할 수 있는 학습법 146

5 이야깃거리가 되는 소품을 활용한 놀이 방법 157

6 방송인 되어 보기 159

Tip 말하기의 자세 164

제4장 논리적으로 말하는 아이로 키우는 엄마 167

1 논리적으로 말하는 아이로 키우는 대화법 169

2 창의적으로 말하는 능력을 키우는 대화법 175

3 코칭 노하우(부모의 대화법) 179

4 부모의 말하기 평가 186

Tip 논리적으로 말하는 아이로 키우는 팔(八) 계명 188

부록 191

1 협상과 제안을 유리하게 이끄는 커뮤니케이션 기법 193

2 상황에 맞는 언어 사용과 적절한 인사법 196

후기 모든 어린이들이 논리적으로 말하게 되는 날을 꿈꾸며 202

논리적으로 말하는 학습이 필요한 이유

얼마 전 서울대학교 의과 대학에 합격한 학생의 이야기를 들었습니다. 이 학생은 수학능력시험 점수가 생각보다 좋지 않아서 진학을 거의 포기하고 있었답니다. 하지만 마지막 면접시험에서 좋은 점수를 얻어 기적적으로 합격할 수 있었습니다. 커뮤니케이션 교육을 하면서 위의 학생처럼 구술 면접에서 높은 점수를 받아 합격한 경우를 자주 보았습니다. 반대로 구술 면접 때문에 불합격의 고배를 마신 안타까운 사례도 보았습니다. 특히 동점자가 있거나 커트라인에 걸린 경우 면접이 중요한 변수가 되는 것입니다. 앞으로 10년 후, 수능이나 내신의 변별력은 사라집니다. 따라서 논술과 면접의 역할이 점점 커지고 있습니다. 논술의 중요성은 이미 많은 분들이 인식하고 계시기에 여기서 다루지는 않겠습니다. 하지만 합격의 당락을 좌우하는 구술 면접에 대해서는 준비가 소홀한 것이 사실입니다. 논술은 학생의 능력을 평가하기 위한 보조 수단에 불과하지만, 구술은 가족 구성원이나 학교, 회사를 통한 사회 구성원으로 살아가는 데 중요한 역할을 합니다.

‘말 한마디로 천 냥 빚을 갚는다’ ‘가는 말이 고와야 오는 말이 곱다’ 등 말의 가치와 중요성을 다룬 속담이 많습니다. 이는 아주 오래 전부터 말하기 중요성을 인식하고 있다는 뜻입니다. 그러므로 소중한 자녀에게 상황에 맞게 말하는 능력을 길러주는 것은 부모로서 꼭 남겨주어야 할 유산입니다. 공부를 잘하거나 어느 한 분야에서 뛰어난 능력을 보인다 해도, 자신의 능력을 표현하지 못하면 그 누구도 알아주지 않습니다.

인간은 태어나는 순간부터 사회적 동물로 규정됩니다. 따라서 다른 구성원들과 함께 살아나가기 위해 원활한 커뮤니케이션 능력이 요구됩니다. 어린 시절부터 정확한 발음, 적절한 속도, 전달력 있는 목소리를 담아내는 훈련이 필요합니다.

커뮤니케이션 시대, 아무리 훌륭한 지식도 표현하지 못하면 인정받기 어렵습니다. 국내외 명문 대학들은 구술 면접의 비중을 점차 높여가며 자신의 의견을 논리적으로 표명할 수 있는 학생들을 뽑고 있습니다. 유수 기업들 또한 다양한 사람들의 이야기에 귀 기울이며 자신의 의견을 논리적으로 밝힐 수 있는 사람을 원합니다. 중요 회의와 협상, 프레젠테이션을 효과적으로 이끌어내는 탁월한 커뮤니케이션 능력(논리적으로 말하기 능력)을 지닌 실질적 인재를 찾고 있는 것입니다. 이 속에는 논리적으로 말하기 위해 필요한 모든 것들을 상세히 다루었습니다. 잘못된 언어 습관인 발음, 말의 속도, 목소리 크기, 자세 등을 바로 잡은 뒤, 논리적으로 말하기 방법들을 응용하여 아이와 함께 뉴스와 신문을 정확하게 읽는 아나운서가 되어보는 것도 좋습니다. 음악이나 물건을 소개하는 라디오 진행자도 되보고, 강의를 하는 선생님도 되면서 논리적으로 말하는 능력을 재미있게 키울 수 있을 것입니다.

2007년 2월
저자 이혜범

21세기의 성공 제1법칙,
커뮤니케이션
1

1 어린 시절 형성된 언어 습관의 중요성

21세기 핵심 경쟁력은 논리적 사고와 말하기다. 말을 잘 한다는 것은 자신의 신념과 가치관을 가장 효과적으로 타인에게 전달하는 것을 뜻한다. 과거 우리는 말보다 글 중심의 문화였다. 그러나 현재는 일상의 커뮤니케이션을 비롯해 자기표현, 대학 구술 면접 및 입사에서도 말하기가 절대적 영향력을 가지게 되었다. 이제는 아무리 많은 것을 알고 있어도 논리적으로 조리 있게 이야기하지 못하면 능력을 인정받기 어렵다. '말'은 자신의 능력을 보여 줄 수 있는 최대의 무기이며 '말'로 평가를 받는다고 해도 과언이 아닌 시대에 살고 있다. 연설, 토론, 발표 등 스피치 교육에 심혈을 기울여 초등학생 때부터 심화 학습을 실시하고 외국 유수의 대학은 저마다 토론 대표 팀을 만들어 학교의 명예를 걸고 활발하게 활동한다. 최근에는 우리나라 명문 대학에서도 특별 전형을 통해 토론 특기자를 선발하기 시작했다. 입시에서도, 사회로 진입하는 취업의 문에서도 논술과 면접의 중요성이 갈수록 커지고 있는 것이다.

말하기는 자신의 논리를 펼칠 수 있는 힘을 키워 주기 때문에 토론 문화에 익숙지 못한 우리나라에서는 큰 경쟁력이 된다. 영어 능력을 평가하는 토플 시험에서도 말하기speaking 영역이 생겼다. 모국어를 제대로 구사하는 사람이 논리적인 외국어를 할 수 있음은 당연하다.

아울러 발표 수업을 강조하는 제7차 교육과정이 도입된 이후 '3분 스피치'를 수행평가 항목에 추가하는 중학교도 많아졌다. 10년 후에는 전국 1등과 100등을 나누는 변별력이 없어지기 때문에 결국 자신의 생각을 논리적으로 말할 수 있는 학생이 경쟁력을 갖게 된다.

논리적 말하기란 이성을 바탕으로 한 체계적인 생각을 조리 있게 말하는 구술 공부이다. 간단명료하면서 조리 있게 의사를 전달하려고 노력하면 자연스럽게 스피치 능력과 논리적 사고력을 키울 수 있다. 그래서 논리적으로 생각하고 말하는 습관은 가급적 생각의 틀이 형성되는 어린 시절부터 길러 주는 것이 좋다.

우리는 흔히 '그 의견은 논리적이지 못해' 혹은 '논리적으로 따져보자' 라는 말을 하는 데 여기서 '논리적'이란 말은 올바른 생각을 할 수 있는 생각의 뼈대를 말한다. 논리는 모든 표현의 기본이다. 어른 사회와 마찬가지로 아이들 세계에서도 나름대로 질서와 규칙이 있는 데, 그것을 무너뜨리는 친구의 비논리적인 행동은 환영을 받지 못한다. 친구들을 말을 듣지 않고 자기주장만 내세우거나, 무조건 소리를 지르며 악을 쓰는 경우가 여기에 속한다. 이런 아이들은 안타깝게도 왕따가 되기 쉽다.

또 성인라고 해서 모두 말을 잘하는 것은 아니다. 앞뒤가 전혀 맞지 않거나, 핵심을 말하지 못하고 빙빙 돌려 하는 경우도 많다. 자신의 의견이나 주장이 전혀 들어 있지 않은 '따라 하기식 말하기'를 하기도 한다. 자신의 주체적 생각을 담아 말 하려고 노력할 때 어떤 사물이나 상황에 대해 깊이 있게 생각하게 되고 그것을 정리할 수 있다.

'구슬이 서 말이라도 꿰어야 보배'라는 말이 있다. 이는 아무리 생각을 많이 하고 지식을 쌓아도 조리 있게 정돈되어 있지 않으면 쓸모가 없다는 말이다. 논리란 생각을 정리하여 서 말의 구슬을 가치 있는 보배로 만든 것이다. 지금까지 주입식 교육에서는 지식의 조각들을 암기하면 됐지만 이제는 교과 과정이나 대입 시험이 사고력을 측정하는 방식으로 바뀌고 있다. 꾸준한 독서습관과 평소 논리적으로 사고하고 말하는 훈련이 필요하다. 가정에서 어머니들은 자녀에게 '왜? 그렇게 생각하는 이유는 무엇이니?'라는 질문을 자주 던져 아이가 자신의 생각과 이유를 말 할 수 있도록 지도해야 한다.

그러나 무엇보다 중요한 것은 자녀를 하나의 인격체로 보고 그들의 작은 의견도 존중하고 귀담아 들어 주는 것이다. 부모들의 합리적인 방식과 올바른 지도 아래서 자녀가 논리적으로 사고하고 말할 수 있게 됨을 명심하기 바란다.

우리 어릴 적만 해도, '말하기' 하면 '웅변'을 생각했다. 큰 소리로 씩씩하게 "이 연사 힘차게 외칩니다!"를 외치는 것이 말을 잘 하는 것인 줄 알았던 시대가 있었다. 논리적으로 말하기는 기존 어린이 스피치 공부와는 분명 차별성을 가진다. 기존의 어린이 말하기 학습은 큰 목소리와 정확한 발음으로 씩씩하게 이야기 하는데 목표를 둔 발표력이 전부였다. 그러나 논리적으로 말하기는 단순한 말하기 넘어 논리적 사고력과 순발력, 창의력, 표현력을 요구한다. 더불어 리더십과 논술의 능력까지 배양하는 매우 종합적이고 수준 높은 교육이다. 물론 목소리 크기, 정확한 발음, 말의 속도, 사투리 교정 등 기본 스피치를 바탕으로 함은 당연하다. 논리적 사고를 통해 좋은 메시지가 생성되었더라도 그것을 전달하지 못하면 커뮤니케이션은 이루어지지 않는다. 특히 심한 수줍음으로 사람들 앞에 서는 것이 두려운, 대인공포증이 있다면 반드시 말하기 훈련이 선행되어야 한다.

논리적으로 생각하고 말하는 습관은 가급적 어린 시절부터 길러 주는 것이 효과적이다. 어린 시절에 형성된 언어 습관이 평생을 지배한다. 어린 시절부터 말이 빠르거나, 목소리가 작거나, 남

앞에서 이야기하는 것에 두려움을 가진 사람은 어른이 되어서도 같은 문제를 겪게 된다. 지금은 커뮤니케이션의 시대다. 말이 너무 빠르거나 목소리가 작거나 말끝을 흐려 의사소통이 원활치 않으면 누구에게도 환영받지 못한다. 어린이 중에서도 말을 빨리 하다보니 주어와 술어가 뒤바뀌고 부정확한 발음을 하는 경우가 있다. 또 자신의 생각을 전달하기보다 임기응변식으로 얼렁뚱땅 대답하고 넘어가기도 한다. 확실히 바로잡아 주지 않고 방치해 두면 자기 PR시대에 자신의 의견조차 제대로 말하지 못하는 '꿀 먹은 벙어리'가 되기 쉽다.

더 심각한 것은 임기응변식 말하기가 우리의 생각조차 변덕스럽게 만든다는 것이다. 흔히 '생각이 말을 지배 한다'고 하지만 반대로 말이 생각을 지배하는 경우도 있다. 이는 말에 따라 그 사람의 생각도 논리적으로 된다는 말이다. 일반적으로 사람들은 자신의 말에 책임을 지려는 무의식이 있기 때문이다.

논리적으로 말을 하려고 생각하고 노력하면 자연스레 논리적인 사고력도 발달한다. 그래서 어린 시절의 논리적 말하기 훈련이 중요한 것이다. 여기서 중요한 점은 아이의 논리를 '부모의 눈’으로 강요하지 말아야 한다는 것이다. 아이들 나름의 세계와 가치관에서 나오는 의견을 존중하며 그 안에서 논리를 찾아야 한다. 올바른 말하기 교육을 받은 아이들은 자연스레 사고력과 창의력이 형성되어 논술을 비롯한 모든 글쓰기에도 뛰어난 재능을 보인다.

“우리 아이는 눈치가 없어요”라며 걱정스러워하는 어머니들을 종종 볼 수 있다. 인성도 바르고 공부도 잘하는 아이인데 할 말 못할 말을 구분하지 않고 생각나는 대로 내뱉는 다는 것이다. 때와 장소를 가리지 못하는 아이들의 말버릇은 단순히 논리적 사고(판단)의 부재를 넘어 아이 성품이나 가정교육까지도 의심받게 한다. 또 다른 사람에게 상처를 주는 말을 하기 때문에 교우 관계에서도 문제가 생길 수 있다. 이런 아이는 상황 판단력 즉 논리적 사고를 키우는 것이 시급하다.

논리적 사고의 부족으로 적시적지에 필요한 말을 하지 못하면 사람 이 좋고 능력이 뛰어나도 인정받기 어렵다. 지금 이 순간에 해야 할 말, 하지 말아야 할 말을 정확히 분별하여 말하는 것, 생각하면서 이야기하는 것, 후회할 말은 하지 않는 것이 바로 논리적 말하기의 시작이다. 더 나아가 문제점에 대해 제대로 파악하고 옳은 대답을 하는 것, 핵심을 파악하여 정답을 이야기하는 것이다. 논리적으로 말한다는 것은 그리 거창한 것이 아니다. 일례로 구술시험에서는 면접관의 질문 의도에 맞는 자기 생각을 밝히는 것, 고객이 원하는 것을 파악하여 상품을 판매할 수 있는 것, 친구들이 원하는 것을 파악하여 해결법을 제시하는 것, 이 모든 행동이 바로 논리적 말하기다.

2 아이들 시각에서의 논리

문화 센터에서 6~7세부터 변호사, 의사, 교수 등에 이르기까지 연령대에 상관없이 말하기를 가르치고 있다. '어린이 논리적으로 말하기' 6~7세 반 아이들의 첫 시간이었다. 아이들에게 논리적으로 말하기에 대해 설명한 후, 각자 좋아하는 과일은 무엇이고 그 이유를 이야기 해 보라고 말했다. '사과를 먹으면 예뻐진다고 해서 좋다', '입에서 터지는 오렌지 알맹이 느낌이 신선해서 좋다'는 등 아이들 나름대로 분명한 이유를 제시하여 나를 놀라게 했었다. 그런데 그 중 고민스러운 얼굴을 하고 있던 한 아이가 머리를 긁적이며 대답했다.

"저는 사과를 좋아하는 데, 그 이유는 제가 제일 좋아하는 빨간색이기 때문입니다."

아이들은 곧바로 논리적이지 못한 의견이라며 그 아이의 의견에 반대하기 시작했다. 딸기도 빨간색이고, 체리도 빨간색인데, 사과가 빨간색이어서 좋다는 것은 비논리적이라는 말이다.

"선생님, 이 얘기는 절대 논리적이지 못해요. 사과가 빨간색만 있는 것이 아니잖아요. 연두색이나 노란 빛깔의 사과도 있는 데 단순히 빨간색이라서 좋다는 것은 논리적이지 못해요."

한 아이가 벌떡 일어나 반대의 논리를 폈다. 나이는 어리지만 아이들도 그들만의 시각에 따른 분명한 논리가 있다. 그리고 자신들과의 의견이 다르거나, 말도 안 되는 얘기라고 생각되면 그 친구와 가까이 하기를 꺼린다. 요즘 아이들은 TV나 인터넷 등 다양한 매체의 영향으로 지나치게 똑똑하다. 스펀지가 물기를 빨아들이듯, 새로운 지식을 무섭게 흡수하는 아이들…. 그래서 논리적 말하기는 더욱 중요하다.

말하기 훈련은 왜 필요할까? 또 어떻게 해야 말을 잘할 수 있을까? 말을 잘한다는 것은 말할 내용을 알고 있고, 그것을 자기 나름의 언어로 재구성하는 방법을 안다는 의미다. 말을 잘하는 아이는 학습 능력도 뛰어나다. 생각을 조리 있게 정리하고 말을 함으로써, 머릿속에 섞여 있던 단편적인 지식을 정리할 수 있기 때문이다.

책을 많이 읽는다고 해서 많은 지식이 자기 것이 되지는 않는다. 책을 읽는 것에서 그치지 않고 자신의 의견과 생각을 정리하면 그것은 간접경험으로 남는다. 이것이 반복 학습되면 줄거리나 중심내용, 지은이의 의도 등을 파악하는 능력이 향상되어 논술에도 큰 영향을 미친다.

말하기는 '통합적 사고'를 길러주는 데도 도움이 된다. 말하기는 글쓰기와 달리 외워서 할 수 없고 즉흥적이기 때문에 통합적인 사고를 하지 않고서는 제대로 할 수 없다. 통합적인 논술을 대비하기 위해서라도 말하기는 반드시 배워야 하는 것이다. 이런 말하기 훈련은 자신감을 길러 주기 때문에 학습에도 적극적으로 참여하게 한다. 식당에서 "물 주세요" 라는 말도 못 할 정도로 소극적이던 아이가 말하기 교육을 통해 먼저 손을 들고 발표하는 적극적인 아이로 변한다. 사실 조기교육이 가장 필요한 분야가 언어 교육인데 많은 부모님들이 이를 간과하고 있다. 겨울이 지나면 봄이 오듯, 말이란 사람이 가지고 있는 자연스러운 능력이라고 생각하기 때문이다.

독서만큼 논리력을 향상시켜주는 것도 없다. 이때 부모가 직접 책을 읽어 주면 혼자 독서하는 것보다 아이의 사고력이 월등히 높아진다. 책을 읽어 줄 때는 다양한 표현을 익힐 수 있도록 구연동화 방식이나 인형 같은 도구를 사용하는 것이 좋다. 아이가 혼자 책을 읽었다면 책의 줄거리나 인물의 행동 등에 대해 함께 대화를 나눠 본다. 이렇게 하면 아이는 책의 내용과 전달하고자 하는 것을 습관적으로 생각하는 능력을 길러 능동적인 독서를 하는 것이다. 표현력과 함께 논리력을 키우기 위해서는 반드시 이유나 근거를 말하는 연습을 시켜야 한다. "떡볶이가 너무 맛있어요" 라고 하면 "어떻게 맛있니?"라고 되물어 그 맛을 정확하게 표현하게 하고, 또 맛있는 이유를 밝히도록 유도하는 식이다.

특히 대화라는 것은 상대가 있어야 가능한 것이다. 상대방의 반응이 무엇보다 중요하다. 그러므로 아이의 말을 중간에 자르거나 무성의하게 들어서는 안 된다. 아이가 말하는 것을 부끄러워하지 않고 즐겁게 생각하도록 자신감을 심어 주어야 한다. 만약 논리에 맞지 않거나 어처구니없는 이야기일지라도 일단 끝까지 들어주는 인내심이 필요하다. 아이의 말이 끝난 후 "그런데 엄마 생각에는 말이야…" 하며 토론을 통한 분석을 시도한다. 마지막으로 "다음엔 더 좋은 얘기를 기대할게"라며 아이의 용기를 북돋워 주는 것도 잊지 말자. 아이가 말하는 자세나 발음 등이 좋지 않다면 비디오로 찍어 보여 주거나 녹음해서 들려준다. "목소리를 더 크게 해야지", "말이 너무 빨라져"라는 부모의 말을 아이는 '지적'으로 받아들일 수 있다. 따라서 아이의 말버릇을 교정하고 싶다면 '가정용 미디어'를 이용한다.

최근 초등학교에서 발표 수업, 조별 수업 등이 보편화 되면서 아이들이 발표할 기회가 많아졌다. 성인도 마찬가 지지만 발표를 할 때 보면 당당하고 조리 있게 말을 잘하는 아이 들이 있는 반면, 사람들 앞에만 나서면 더듬거리는 아이가 있다. 문제는 이렇게 의사전달의 능력부족으로 어려움을 겪으면 갈수 록 사람들 앞에 서기를 두려워하게 된다는 것이다.

첫 번째 단계이자 기본적인 것은 '이야깃거리'를 준비하는 것이 다. 발표 주제에 대해 부모가 아이와 함께 이야기를 나눈 뒤 자녀에게 글로 써 보게 한다. 간혹 생각만큼 잘하지 못하는 답답한 마음에 혹은 좋은 성적을 위해 부모가 대신 써 주는 경우가 있는데, 절대 해서는 안 되는 행동이다. 본인이 내용을 충분히 알고 스스로 정리해야 내용을 잊어버리는 일 없이 자신 있게 발표할 수 있기 때문이다. 부모는 발표문이 필요한 내용을 다 담으면서도 간결하게 정리됐는지, 그림이나 도표 등 보조 자료는 준비됐는지를 점검해 주면 된다. 발표문은 주어진 시간 안에 충분히 읽을 분량이어야 하며, 큰 주제가 다섯 개를 넘지 않도록 한다.

발표 내용이 준비됐다면 실제 상황처럼 읽어 보게 한다. 여기서 부모의 역할은 아이의 자세와 태도를 교정해 주는 것이다. 발표는 친구나 부모에게 말하는 것과 다르므로 높임말로 하고, 주어와 서술어를 갖춰야 한다. 아기 같은 말투나 문장을 흐지부지 끝맺는 버릇은 바로 잡아준다. 발표문을 읽을 때 말을 몰아서 숨차 하거나 더듬는다면 띄어 읽을 곳을 짚어 준다.

대부분의 발표는 교실이나 강당 등 집 보다 넓은 공간에서 이루어지므로, 목소리를 평소보다 크게 하도록 유도한다. 허리를 곧게 펴고 시선은 청중 쪽을 보는 자세가 좋다. 많은 청중과 눈이 마주치면 당황할 수 있으므로 긴장될 때는 친한 친구 쪽을 바라보는 식의 요령을 알려준다.

또한 캠코더로 교정과 연습 전의 모습을 찍고, 말투와 자세 등을 고친 후의 모습과 비교해 준다. 그렇게 하면 잘못된 점을 교정하기 쉽고 아이 스스로 자신의 모습에 자신감도 갖게 된다. 이때 자신감을 꺾는 지적은 절대 금물이다. 많은 부모들이 아이가 주저하거나 답답한 모습을 보이면 '그것도 못 하느냐'고 다그치는데 이는 자녀의 자존심과 마음에 상처를 주는 일이다. 성인들도 많은 사람 앞에 서는 것을 어려워하지 않는가. 따라서 청중 앞에 서는 것은 누구에게나 힘든 일이라는 점을 이해시킨다. 연습 때 아이가 부모의 기대에 못 미치더라도 "아주 잘했어", "더 잘할 수 있어" 라고 격려해 주어야 한다. 연습한 만큼 발표를 잘 하지 못했다고 의기소침해 있다면 "NG 프로그램을 보면 연기자나 아나운서도 실수를 하지 않니? 너도 다음에 잘하면 돼" 하는 식으로 격려해 주는 것도 좋다.

초등학생이나 중학생이 자신의 리더십을 펼칠 수 있는 기회 중 하나가 반장이나 회장 선거다. 전교생 앞에서 그들의 요구와, 개선 방법 그리고 사후 대책을 설득력 있게 전달하는 사람이 당선 될 확률이 높다.

과거에는 공부 잘하는 아이가 무조건 반장이 됐지만, 지금은 교우관계가 좋고 활발한 아이들이 반장이 된다. 친구들을 설득하지 못하고 군림하려는 아이는 또래 집단에 섞이지 못한다. 아이들의 시선으로 좋은 친구, 착한 친구는 서로 서먹한 새 학기에 먼저 다가와 말을 걸고, 인사를 건네는 사람이다.

반장 선거의 유의점

❶ 자신감을 키운다

수많은 눈동자가 자신만을 바라보고 있는 광경은 그리 유쾌한 일이 아니다. 나름대로 한다고 하지만, 여전히 부족하고 모자란 느낌은 어쩔 수 없다. 연습 앞에는 장사가 없다. 선거 전날 거울 앞이나 가족들을 상대로 충분히 연습한다.

또한 긴장을 풀 수 있는 방법을 연구한다. 앉아서 할 수 있는 간단한 맨손체조나, 서 있을 때 배와 다리에 힘을 주면 긴장을 푸는 데 효과적이다. 그리고 완벽하려고 애쓰지 않는다. 실수가 곧 실패는 아니므로 자신의 있는 그대로를 보여 주는 것으로 만족하는 자세가 중요하다.

❷ 자신의 장·단점을 정확하게 파악한다

- **작은 목소리** : 배에 힘을 주고 소리를 밖으로 내보낸다고 생각한다.

- **큰 목소리** : 스스로 소리를 조절하여 강약을 번갈아 이용하면 효과적이다.

- **사투리 :** 지역주민들이 모두 쓰는 언어라고 생각하고 자신감을 갖는다.

- **굳은 표정 :** 환하게 웃으면서 이야기하는 연습을 통해 바꿔 나간다.

❸ 효과적으로 말하는 방법을 익힌다

- **어조 :** 원고를 책 읽듯이 딱딱하게 읽지 말고, 음의 고저와 강약을 조절하여 실제로 말하는 것처럼 한다.

- **발음 :** 입 모양에 주의하고 또렷한 발음으로 정확히 말하는 법을 익힌다.

- **발성 :** 소리가 입 안에서 웅얼거리지 않도록 내뱉는 연습을 한다.

❹ 같은 말이라도 맛있게 하는 방법을 익힌다

음식도 양념과 조리법에 따라 맛이 달라지듯이, 말에도 색깔을 넣어야 한다. 어조의 변화가 없는 어투는 아무리 좋은 내용이라도 지루하게 들릴 수 있다. 문장에서 강조하고자 하는 중요한 핵심어를 찾아 강조해 주면 훨씬 효과적이다.

❺ 원고를 보고 말 할 때는 이런 것을 주의 한다

발표가 거의 끝날 무렵에는 원고에서 눈을 떼고 청중을 보고 말한
다. 말하는 도중 암기한 원고 내용을 잃어버렸을 때는, 원고를 볼
때는 훔쳐보지 말고 자신 있게 내려다본다. 원고를 완벽하게 파악
하여, 자신이 잃어버린 내용이 어디에 있는지 파악한다. 원고를
눈으로 보는 속도보다 말이 빨라야 당황하지 않고 발표를 이어갈
수 있다.

❻ 적절한 몸짓을 이용하면 내용을 더욱 효과적으로 전달할 수 있다

강조하고 싶은 문구나 핵심어는 시선이나, 몸짓, 손짓 등을 사용
하여 간결하고 분명하게 전달한다. 청중은 일방적으로 발표자의
말을 듣고 있기 때문에, 단순한 언어의 전달보다는 시각적인 자
극을 더 기억하게 된다.

〈제스처의 종류〉

❶ 방향 · 장소 지시

방향이나 장소를 알려 줄 때는 집게손가락이나 손바닥을 펴서 가리킨다. 또 '푸른 하늘', '창 밖', '저 바다', '동서남북' 또는 '이쪽', '저쪽' 등의 단어를 쓴다.

❷ 주의 · 주장

오른손 주먹을 불끈 쥐고 어깨 위로 힘차게 뻗어 올린다. 자기의 뜻을 강조하거나 주장을 힘차게 말할 때 사용한다. 웅변에서 가장 많이 취하는 제스처다.

❸ 궐기

두 주먹을 불끈 쥐거나 손바닥을 힘 있게 편다. 자신의 눈높이에서 V자로 힘차게 뻗는다. 한 손만을 사용할 때는, 팔의 동작과 동시에 한 발씩 앞으로 내딛는 것이 자연스럽다.

❹ **감탄 · 탄식 · 한탄**

두 손을 펴서 머리 위로 올렸다가 힘차게 앞으로 내린다. 어떤 일에 감탄하거나 마음속의 비통, 울분 등을 표현할 때 사용하는 동작이다.

❺ **결의 · 결심**

두 주먹을 불끈 쥐고 가슴 앞에서 팔꿈치를 반쯤 앞으로 펴서 내민다. 자신의 단호한 결의나 비장한 각오를 표현해 준다.

❻ **거부 · 배척 · 저항**

손바닥을 펴서 청중을 향해 앞으로 힘껏 밀어낸다. 약한 거부는 한 손만, 강한 거부는 두 손을 다 사용한다. 어떤 일이나 문제를 반대하거나 거절할 때, 또는 배척할 때 취하는 동작이다.

❼ 단결 · 단압

가슴 높이에서 두 손을 모아 잡고 힘차게 앞으로 뻗는다. 국민 모두, 또는 학생 전원이 한 마음 한 뜻으로 뭉치거나 단결하자고 외칠 때 쓴다.

❽ 부탁 · 호소 · 양보

두 손바닥을 위로 향하게 하여 머리 위로 들어올린다. 청중들에게 무엇을 부탁하거나 간절히 호소할 때 취하는 동작이다.

❾ 정숙 · 평정 · 진압

먼저, 두 손바닥을 펴서 어깨 높이로 들어 올린다. 그리고 손바닥을 밑으로 향하게 한 다음 지그시 내리누르듯 가슴 높이로 내린다. 흥분해서 소란스럽게 떠드는 청중을 진정시키거나 주위가 산만하여 어수선한 분위기를 가라앉힐 때 이런 제스처를 쓴다.

⑩ 존엄 · 존귀

손바닥을 위로 하여 하늘을 떠받들 듯 올린다. 어떤 대상을 찬양하거나, 고귀하고 숭고한 내용을 말할 때 쓴다.

⑪ 용서

두 손바닥을 펴서 가슴 높이에 모은 다음, 밖으로 원을 그리듯 부드럽게 앞으로 뻗는다. 잘못을 용서하거나 서로를 이해하고자 말할 때 사용하는 동작이다.

⑫ 차례 · 숫자

차례나 숫자, 순서에 따라 하나 또는 첫째에 집게손가락을 위로 세워 앞으로 내밀고, 둘째 또는 둘을 나타낼 때는 집게손가락과 가운뎃손가락을 세워서 앞으로 내민다. 이렇게 차례대로 손가락을 펴고, 다섯일 때는 손바닥을 활짝 펴서 앞으로 내민다.

ㅇㄱㄴㄷ?

이미지 메이킹이 중요하다

가장 먼저 반장이 왜 되고 싶은지, 어떤 반장이 되고 싶은지 목적 의식이 분명해야 한다. 자신이 잘하는 것, 자신의 장·단점을 분명하고 명확히 체크 한다. 공약을 내세우거나 설득할 때 자신의 장점을 강조하고, 단점을 인정하면 좋다.

다음으로 자신의 특성과 이미지, 성격, 잘하는 것 등을 고려해 공략이나 선거 전략 등을 만든다. 깐깐하고 도도해 보이는 스타일이라면, 털털하고 명랑한 모습을 보여주어 편안함을 느끼게 한다. 무엇보다 또래 친구들이나 형제, 자매의 평가를 받도록 한다. 실제 유권자는 어른이 아닌 또래 친구들이기 때문이다.

선거에 나가려는 마음가짐이 중요하다

최선을 다한다는 마음가짐으로 부족한 부분을 보완하며 준비한다. 아이가 노력한 만큼 성취감이나 보람, 반장으로서의 책임감이 커진다. 단순히 운이 좋았거나, 친한 친구가 많아서 반장이 된 아이와, 선거 과정을 치밀하게 준비하고 열성적인 연설로 친구들의 마음을 움직인 아이가 같을 수는 없다. 반장을 준비하는 아이들은 새 학기 첫날부터 몸과 마음을 다잡아야 한다. 실제 설문조사 결과에도 선거의 공약 보다, 1~2주 함께 보낸 기간 동안 친구의 행동을 보고 투표를 결정한다고 한다.

이것만은 꼭 알아두자

아이가 반장에 대한 잘못된 인식을 가지고 있다면 바로잡아 준다. '반장이 되면 우리 반 남자 애들은 다 내 부하로 만들겠어' 또는 '반장이 돼서 내 맘대로 할 거야' 등의 생각은 반드시 고쳐 주어야 한다. 반의 일꾼이자 반을 대표하는 사람으로 책임과 의무감 속에 학급을 위해 일하는 사람임을 분명하게 인식시킨다. 이때, 반장의 장점도 함께 알려주어야 한다. 리더가 되어 반 아이들의 의견을 통솔할 수 있다든지, 선생님과 친구들에게 인정받을 수 는 것들을 말이다.

지나친 부모의 욕심으로 부담을 느끼고 스트레스를 받지 않도록 주의 한다. '꼭 반장이 되어야 해!' 가 아니라 '네가 좋은 반장이 될 수 있다는 것을 친구들한테 유감없이 보여주렴' 같은 식으로 말해준다. 학예회나 공연을 준비할 때처럼 설레는 마음으로 준비하도록 하는 것이다. 설령 좋지 못한 결과를 얻더라도, '좋은 경험' 이었다는 생각이 들도록 하는 것이 중요하다.

논리적으로 말하는 아이는 집중력과 사고력, 글을 해석하는 독해력과 다른 사람의 이야기를 듣고 의미를 파악하는 듣기 능력이 좋다. 이는 당연히 성적에도 직접적인 영향을 미친다. 부모가 보기에도 그렇고 아이 자신도 열심히 공부하는 데, 성적은 노력한 만큼 나오지 않는 학생들이 많다. 학원도 보내고, 과외도 시키고, 독서실도 다니며 남들 할 만큼 다하는 데 성적은 항상 기대에 못 미친다. 이런 상황이 지속되다보면 아이가 공부 자체에 흥미를 잃어, 점점 더 성적이 떨어지기도 한다.

혹시, 아이가 이런 문제를 가지고 있다면 다른 무엇보다 독해력과 이해력이 부족한 것은 아닌지 체크해 봐야 한다. 독해력과 이해력이 부족한 아이들은 똑같은 지식을 다른 학생들에 비해 받아들이는 속도가 현저히 떨어진다. 따라서 다른 학생들에 비해 2, 3배의 노력을 기울여도 만족할 만한 성과를 이루지 못하는 것이다.

흔히들 독해라 하면 '글을 해석하고 이해하는 것'이라고 단편적으로 생각한다. 하지만 글의 종류에 따라 독해의 특성은 다른 성격을 가지게 된다. 소설이나 신문, 잡지 등의 독해와 교과서나 참고서의 독해의 목적은 근본부터 다르다. 다시 말해 즐거움이나 상식을 얻는 글은 가볍게 읽으면 되지만, 교과서나 참고서의 독해는 이해하고 기억해야 하는 것이다. 그리고 신문이나 잡지 등의 정보는 가볍게 흘려버리면 되지만, 학습에 관한 정보는 기억에 그치는 것이 아니라 응용하고 활용할 수 있어야 한다.

사람의 뇌는 눈으로 받아들이고 인식한 모든 정보를 기억하지 못한다. 따라서 책에서 읽은 내용을 실생활에 적용하여 소화하면 보다 오래 기억할 수 있다.

학습을 위한 독해는 우선 낱말이나 문장의 의미 파악이 중요하다. 그런 뒤에 문단이나 글의 종류에 따라서 전체 내용을 정확하게 파악 한다. 그리고 단락간의 이미를 통합하고 조정한다. '이 글이 말하고자 하는 것은 무엇인가' 를 생각하며 글의 요지를 정리하려는 노력을 기울여야 한다. '왜 그럴까?' 하는 의문을 제기하며 합리적인 결론을 유출하려는 과정이 필요하다.

듣기 능력도 이와 마찬가지로 의미를 파악하는 것이 매우 중요하다. 왜 이야기를 하는지, 핵심은 무엇인지 그리고 내가 귀담아 들어야 할 것들은 어떤 것인지 논리적으로 판단하며 잘 듣는다. 독해력과 듣기 능력은 집중력과 논리적 사고력을 키워 주므로 성적으로 직결된다. 학교 수업 중, 말의 포인트와 귀담아 들어야 할 것들을 정확하게 짚어낼 수 있기 때문이다.

또한 교과서나 문제집을 사용할 때, 낱말이나 문장의 의미 파악을 짧은 시간에 효과적으로 파악할 수 있으므로 효율적인 학습을 할 수 있게 된다. 책상에 오래 앉아 있는다고 공부를 잘 하는 것은 아니다. 짧은 시간이라도 얼마나 집중력 있게 효과적으로 공부를 하느냐가 우등생과 열등생을 결정한다.

논리적으로 말하기 실천 프로젝트

2

1 논리적 사고력 향상법

논리적이라는 것은 자신의 의견을 상대에게 이해시키기 위해 명확한 결론을 유추해 내는 힘을 말한다. 따라서 논리가 확립되어 있지 않은 사람의 말은, 자신이 아무리 조리 있게 말한다고 해도 듣는 사람에게 논지가 전달되지 않는 것이다. 이런 논리적 사고는 논리적으로 말하기에서 가장 중요하며 반드시 선행되어야 한다. 보고 듣고 느끼는 오감 체험이 가장 좋지만, 직접경험이 한계가 있다면 간접 경험이라도 늘려야 한다. 책과 영화를 많이 보고 자신의 느낌을 타인에게 전달하는 하는 것이 간접 경험에 해당한다.

너무도 상식적인 말이지만, 독서를 많이 한 아동일수록 이 해력이 높고 분석적이며 창의적인 사고를 한다. 또 표현력 및 상상력이 풍부하다. ‘노란, 샛노란, 누런, 누리끼리한’ 같이 하나의 느낌을 여러 가지로 표현해 낸다. 이는 독서를 통한 간접 경험으로 가능한 것이다. 저학년에게 독서 지도를 할 때 는 지루하지 않도록 단편집 위주로 읽게 한다. 고학년이 될수 록 자연스럽게 중편이나 장편의 글을 접할 수 있는 환경을 만 들어 주는 것이 좋다.

아이들마다 독서 능력에는 차이가 있다. 따라서 연령에 맞 추기 보다는 수준에 맞는 책을 골라야 한다. 책을 고를 때는 아이가 독서 동기와 흥미를 유발하는 것을 중심으로 선별하 도록 한다. 부모의 욕심으로 아이가 전혀 흥미를 갖지 못하는 전집을 사주는 것은 별 도움이 되지 않는다. 아이가 재미있어 하는 책을 한 권씩 사주고, 다 읽고 난 후에는 이야기의 핵심 내용은 무엇인지, 어떤 생각들이 대립을 이루고 있는지 의견 을 물어 본다.

부모가 자꾸 이런 식의 대화를 유도하면 건성으로 읽게 될 책도 집중해서 보게 된다. 독서장을 준비해 궁금한 사항을 메모하게 하는 것도 좋은 방법이다. 아이들은 산만해서 궁금한 내용을 금방 잊어버리곤 한다. 독서장에 궁금한 것을 적어 놓게 하는 것은 메모의 습관을 들이는 한 방법이기도 하다. 책을 읽은 뒤에는 '내가 주인공이었으면 어떻게 했을까?' 등을 써 보게 하는 것도 창의적 사고를 키우는 데 도움이 된다. 더불어 한 권을 다 읽었을 때는 함께 서점으로 나가 다음 읽을 책을 고르는 것이 좋다. 이때, 아이가 아무리 욕심을 내도 소화 할 수 있는 분량의 책만 구입한다. 그리고 구입 한 책을 다 읽으면 다음 책을 사주겠다는 약속을 한다. 이는 아이로부터 제대로 책을 읽게 하기 위함이요, 부모와의 약속을 지키는 훈련이요, 약속의 대가는 꼭 보장 받는 다는 경험을 쌓기 위함이다.

완벽한 언어 능력을 기르기 위해서는 글쓰기 과정이 필요하다. 글쓰기는 논리적 사고 능력을 키우는 데 도움이 된다. 글쓰기는 다른 언어 능력인 읽기, 말하기, 듣기에 긍정적인 영향을 주고 논리적인 사고를 가능하게 한다. 책을 읽은 뒤 '독서 후 활동'이 없으면 내용이 정리 되지 않은 채 이미지로만 남게 된다. 이는 독서의 목적을 충분히 달성하지 못하는 것이다. 아동의 수준과 성장 과정에 맞는 '창의적인 독서 후 활동'은 아이들의 흥미 유발 및 독서 능력도 향상시킬 수 있다.

저학년 일수록 책 속의 등장인물을 적극적으로 모방하려고 한다. 주위가 산만한 아이들이 책 속의 인물을 따라 한다고 집안을 난장판으로 만들어 놓는 것이 결코 환영할 만한 일은 아닐 것이다. 하지만 이런 행동은 아이들의 상상력을 자극할 뿐 만 아니라, 진취력을 길러준다. 어느 정도 시간과 공간에 제약을 둔 상태에서, 아이들의 상상력을 발휘 할 수 있도록 맞장구를 쳐 준다.

그리고 책의 내용을 정리 할 수 있는 대화를 유도 한다. 등장인물에게 편지를 쓰게 하는 것도 효과적이다. 이런 활동은 책과 더 친밀함을 유도한다. 더불어 등장인물과 자신을 동일시하거나, 자신의 생각을 등장인물에게 빗대어 말하기도 하므로, 현재 아이의 생각과 느낌을 정확하게 파악 할 수 있다.

아동 전문가들에 따르면 아동들의 언어와 사고의 발달은 어른이나 자신보다 똑똑한 또래들과의 상호작용을 통해 이뤄진다고 한다. 따라서 부모는 자녀가 독서에 흥미를 느낄 수 있도록 책 읽는 분위기를 조성하고 글의 내용을 적극적으로 표현할 수 있도록 경청하는 태도로 지도한다. 또래 아동과의 원활한 상호작용이 가능한 독서 그룹 활동은, 독서 능력을 키우는 데 도움을 준다. 독서 그룹에서 아이들이 서로의 생각을 말하다 보면 사고력, 논리력, 판단력, 리더십, 사회성 등이 길러진다. 이런 능력은 학교 성적과 교우 관계에도 깊은 관련이 있다.

인간은 직접 보고 들은 것에 흥미를 더 느끼고 잘 기억하게 된다. 이와 더불어 직접 체험한 것을 통해 얻는 경험은, 학습의 동기도 높아지게 한다. 따라서 방학 동안 교육과 놀이를 병행한 과학, 자연, 언어, 운동 캠프 등을 적극적으로 이용하는 것이 좋다.

다만 아이의 흥미와 연령, 프로그램의 신뢰성 등을 꼼꼼히 점검해 보고 선택 한다. 학습한 내용과 관련된 박물관, 교육관, 유적지 및 전시회 등을 방문하는 것도 좋은 체험학습 방법이다.

한편 방학은 학기 중에 지친 몸과 마음을 재충전하는 의미가 크기 때문이다. 부족한 학습을 보충하는 것도 중요하지만 부모의 지나친 욕심은 피하는 것이 좋다. 이를 위해서는 아이들이 감당할 수 있는 계획을 세우도록 유도한다. 그리고 실천했는지 반드시 돌이켜 보도록 한다. '반성문 없는 하루는 마침표 없는 문장과 같다'는 말이 있다. 계획 하는 것 보다 더 중요한 사항이 바로 실천이다. 아이들이 세운 계획의 실천률이 몇 퍼센트인지 집어주는 것을 잊지 말자. 효과적인 학습을 위해서는 집중력이 높은 아침 시간을 이용하는 것도 요령이다. 중요하거나 어려운 교과일수록 오전의 맑은 정신으로 공부하는 것이 좋다.

면접관과 얼굴을 맞대고 10~20분 면접을 하는 것을 심층면접이라 하는데 서류만으로 평가가 어려운 학생들의 창의력, 논리력, 사고력 등 우수성을 종합적으로 파악하는 평가

수단이다. 특히 서울대를 비롯한 명문대 일수록 면접을 중요한 도구로 활용하고 있다. 이는 내신이나 수능으로는 학생들의 점수 차이가 그리 크지 않기 때문이다.

단순한 지식을 물어보는 질문이나, 암기에 의존하는 단답형 물음은 하지 않는다. 보통 교과서를 통해 배운 질문을 통하여 기초적인 학습 내용을 파악하고 있는가를 확인한다. 배경은 무엇인가, 원인은 무엇인가, 다른 것과의 차이는 무엇인가 따위를 묻는 것이다. 때로는 정답이 없는 질문이 나오기도 한다. 이럴 때는 경험이 없다고 당황하지 말고, 자신의 생각을 논리 있게 전하는 것이 관건이다. 면접 방식은 여러 가지라서 교수가 반대 논리를 제시하면서 학생의 답변을 요구하는 경우도 있다. 이를 통하여 교수는 얼마나 깊이 있게 공부했는지, 얼마나 논리적으로 사고하고 있는지, 얼마나 창의적인지, 자신의 생각을 잘 표현하고 있는지를 평가한다. 그렇다고 해서 긴장할 것은 없다. 학생들이 질문을 제대로 이해하지 못하거나, 당황하는 경우에는 교수가 보충 설명으로 편안히 대답할 수 있도록 유도하고 도와주기 때문이다.

면접에 대비하기 위하여 면접의 요령을 익히는 학생들을 본다. 하지만 문제의 본질은 파악하지 못하는, 수박 겉핥기식에 불과 하다. 중요한 것은 평소 다양한 독서와 깊이 있는 공부를 통하여 논리적이고 창의적인 모습을 갖추는 것이다. 면접을 준비하려면 단순히 지식만을 암기하는 방식이 아니라 깊이있는 학습이 필요하다. 폭넓은 독서를 통하여 전공 분야 및 인간과 사회에 대한 이해를 넓히는 것이 중요하다.

독서는 생각하는 능력을 길러 주며 창의력의 바탕이 되기 때문이다. 이렇게 독서를 했으면 생각한 것을 논리적으로 잘 설명할 수 있는 말하기, 글쓰기 훈련도 중요하다. 따라서 지금이라도 깊이 있는 독서와 공부를 지도해야 할 것이다. 한 조사 결과에 따르면 면접 시, 출신 지역이나 성별에 따른 편견은 거의 없는 것으로 나타났다. 따라서 용모를 단정히 하고, 표준말을 사용하며 예의를 갖추는 것이 면접의 기본일 것이다.

'논리적 순서'에 따라 내용을 정리하는 것은 자연적인 순서에 따라 내용을 정리하는 방법과는 다소 차이가 있다. 자연적 순서에 따른 내용 정리는 시간이나 공간적 순서와 같은 자연적인 질서에 따른다. 그러나 논리적 순서에 따른 정리는 내용들 사이의 논리적인 관계를 중시한다. 즉, '원인과 결과'에 따른 정리 방법을 중요시 한다는 것이다. 원인은 어떤 사태나 황을 일으키는 까닭을 뜻하며, 결과는 그 까닭으로 말미암아 이루어지는 결말을 가리킨다. 원인과 결과에 따른 정리에는 사건이나 사실, 행동, 상태 등 이야기의 필연성을 관련지어야 한다. 이때는 '왜냐하면', '때문에', '그래서', '그 결과' 등과 같은 연결어를 적절하게 사용하는 것이 효과적이다. '문제와 해결'에 따라 내용을 정리할 때에는 먼저 문제 상황에 대해 설명을 한 다음 그에 대한 합리적인 해결 방안을 제시하도록 한다. 이때 해결 방안에 대해 예상되는 결과를 덧붙이면 더욱 바람직하다.

논리적으로 말하기에 앞서, 정확한 발음과 편안한 소리를 위한 기본 발음 연습이 필요하다. 논리적인 말하기가 말의 실질적인 내용이라면, 기본 말하기는 논리적으로 말하는 내용

을 담아내는 그릇과 같다. 한글 자·모음 24자를 알아야 글을
읽듯이 기본 발음을 정확하게 소리 낼 수 있다면, 아나운서와
같은 언어전달도 가능하다.

2 기본 스피치 능력 습득

기본 발음 연습은, 자음과 모음을 정확하게 표현하기 때문에 정확한 발음을 잡는 데 많은 도움이 된다. 큰 소리로 정확하게 연습을 하면, 편안한 목소리와 적절한 속도까지 향상되기 때문에 말을 직업으로 하는 아나운서나 배우들도 꾸준히 연습한다.

발음 연습 ❶

1 아~ (배에 힘을 주고 크게 내 지르며 우렁찬 목소리로 연습 한다.)

2 코로 숨을 들이 마시고, 입으로 내쉬며 가 / 나 / 다 / 라 / 마

/~~~ 이런 식으로 짧고 굵게 호흡을 내 뱉으며 우렁차게
연습한다.

3 발음 연습을 할 때는 반드시 고개는 정면을 바라보며 (노래
부를 때 처럼) 배에서 소리를 내야 한다. 원고를 본다고 아래를
보면서 연습 하면 고개가 꺾여서 소리가 제대로 나오지 않
는다. 그러므로 반드시 정면을 바라보고(먼 산 바라보듯) 소리
를 앞으로 쭉쭉 내뱉도록 한다.

	ㄱ	ㄴ	ㄷ	ㄹ	ㅁ	ㅂ	ㅅ	ㅇ	ㅈ	ㅊ	ㅋ	ㅌ	ㅍ	ㅎ
ㅏ	가	나	다	라	마	바	사	아	자	차	카	타	파	하
ㅑ	야	냐	댜	랴	먀	뱌	샤	야	쟈	챠	캬	탸	퍄	햐
ㅓ	거	너	더	러	머	버	서	어	저	처	커	터	퍼	허
ㅕ	겨	녀	뎌	려	며	벼	셔	여	져	쳐	켜	텨	펴	혀
ㅗ	고	노	도	로	모	보	소	오	조	초	코	토	포	호
ㅛ	교	뇨	됴	료	묘	뵤	쇼	요	죠	쵸	쿄	툐	표	효
ㅜ	구	누	두	루	무	부	수	우	주	추	쿠	투	푸	후
ㅠ	규	뉴	듀	류	뮤	뷰	슈	유	쥬	츄	큐	튜	퓨	휴
ㅡ	그	느	드	르	므	브	스	으	즈	츠	크	트	프	흐
ㅣ	기	니	디	리	미	비	시	이	지	치	키	티	피	히

	ㅏ	ㅑ	ㅓ	ㅕ	ㅗ	ㅛ	ㅜ	ㅠ	ㅡ	ㅣ
ㄱ	가	갸	거	겨	고	교	구	규	그	기
ㄴ	나	냐	너	녀	노	뇨	누	뉴	느	니
ㄷ	다	댜	더	뎌	도	됴	두	듀	드	디
ㄹ	라	랴	러	려	로	료	루	류	르	리
ㅁ	마	먀	머	며	모	묘	무	뮤	므	미
ㅂ	바	뱌	버	벼	보	뵤	부	뷰	브	비
ㅅ	사	샤	서	셔	소	쇼	수	슈	스	시
ㅇ	아	야	어	여	오	요	우	유	으	이
ㅈ	자	쟈	저	져	조	죠	주	쥬	즈	지
ㅊ	차	챠	처	쳐	초	쵸	추	츄	츠	치
ㅋ	카	캬	커	켜	코	쿄	쿠	큐	크	키
ㅌ	타	탸	터	텨	토	툐	투	튜	트	티
ㅍ	파	퍄	퍼	펴	포	표	푸	퓨	프	피
ㅎ	하	햐	허	혀	호	효	후	휴	흐	히

발음 연습 ❷

1 평소 잘 사용하지 않는 어려운 발음들을 집중 연습함으로써, 평소 쉬운 발음들은 더 편안하게 소리 낼 수 있다.

2 한 글자 한 글자 음가를 살려 또박또박 정확하게 읽는다.

3 특히 고유 명사는 그 낱말의 소리가 완전히 날 수 있도록 연
  습한다.

- 시청 철창 철창살은 외 철창살이고 중앙청 철창 철창살은
  쌍 철창살이다
- 내가 그린 기린그림은 암 기린 그린 그림이고 니가 그린 기
  린 그림은 숫 기린 그린 그림이다
- 간장공장 공장장은 강 공장장이고 된장공장 공장장은 장
  공장장이다
- 저 말 맨 말뚝은 말 맬만한 말뚝인가 말 못 맬만한 말뚝인가
- 저기 저 콩깍지는 깐 콩깍지인가 안 깐 콩깍지인가
- 와리사리, 요리조리, 갈팡질팡 (점점 빨리 읽는다.)

1부터 100까지 빠르고 정확하게 읽기

하나, 둘 ,셋, 넷, 다섯, 여섯, 일곱, 여덟, 아홉, 열, …, 스물,
…, 서른, …, 마흔, …, 쉰, …, 예순, …, 일흔, …, 여든, …,
아흔, …, 백

크게 외치기

먼 산 바라보며, 배에 힘주고 "야---호!"

발음 연습용 문장

1 처음에는 천천히 시작하다가 점점 빨리 말한다.

2 정확하게 발음할 수 있도록 몇 번이고 소리 내어 읽는다.

3 특히 틀리기 쉬운 발음들은 더 유의해서 정확하게 읽는다.

띠어가고 → 뛰어가고

지고가고 → 쥐고가

양하점   → 양화점

간강   → 관광

각진관   → 곽진관

가장님   → 과장님

안병히   → 안병휘

보좌관   → 보좌

띰틀   → 뜀틀

● 가고 가고 기여 가고 걸어 가고 뛰어 가고

지고 가고 이고 가고 놓고 가고 들고 가고

쥐고 가고 잡고 가고 자꾸 가고

● 뻗은 가지 굽은 가지 구부러진 가지 가지가지의 가지

　올라 가지 늦가지 찐가지 달린 가지

　조롱조롱 맺힌 가지 열린 가지 달린 가지

　도롱도롱 달린 가지 젊은 가지 늙은 가지

　나물할 가지 냉국 탈 가지 가지각색 가려 놓아도 나 못 먹

　긴 마찬가지

● 봄 밤 꿈 봄 저녁 꿈 여름 낮 꿈 여름 밤 꿈

　오동추야 가을 밤 꿈 동지섣달 긴긴밤에 님 만난 꿈

● 뜰에 콩 깍지 깐 콩깍지인가, 안 깐 콩깍지인가

● 백양 양화점 옆에 백영 양화점, 백영 양화점 옆에 백양 양

　화점

● 앞집 뒷밭은 콩밭이요, 뒷집 옆 밭은 팥 밭이다

　옆집 팥죽은 붉은 풋 팥죽이고, 앞집 팥죽은 파란 풋 팥죽

　이다.

● 깔순이가 그린 기린 그림은, 상 안탄 기린 그림이다

● 저기 있는 저 분이 박 법학 박사이고, 여기 있는 이 분이

백 법학 박사이다

- 저기 있는 저 상사가 새 상장사이냐 헌 상장사이냐

- 검찰청 쇠 철창살은 새 쇠 철창살이냐 헌 쇠 철창살이냐

- 대한관광공사 곽진관 관광과장

- 조달청 청사 창살도 쇠창살, 항만청 청사 창살도 쇠창살

- 강창성 해운항만청장과 진봉준 강릉전매지청장

- 안병휘 대통령 특별보좌관

- 사다트 이집트 대통령과 아사드 시리아 대통령

- 칠월 칠일은 평창 친구 친정 칠순 잔칫날

- 저기 저 뜀틀이 내가 뛸 뜀틀인가 내가 안 뛸 뜀틀인가

- 춘천 공작창 창장은 편창장이고 평촌 공작창 창장은 황 창장입니다

- 인천 간장공장 공장장은 장공장장이고 부천 간장공장 공장장은 양공장장이다

- 챠프포토킨과 치스챠코프는 아흐마니노프의 피아노 콘체르토 선율이 흐르는 영화 파워트웨이트를 보면서 켄터키 후라이드 치킨, 포테이토 칩, 파파야 등으로 포식하였다

말하기의 필수 사항

자신의 말이 정확하게 상대방에게 전달되도록 한다.

- 천천히 말한다.

- 또박또박 말한다.

- 큰소리로 말한다.

- 입을 크게 벌린다.

- 자연스럽게 말한다.

- 코로 숨을 들이마신다.

말하기의 기본자세

선 자세 : 발표 할 때는 선 자세를 취하게 되는 데, 이는 모든

말하기의 기본이다.

- 다리 : 어깨 넓이로 벌린다(11자형).

- 손 : 주먹을 가볍게 쥐어 바지 재봉 선에 일치시킨다.

- 가슴 : 바르게 편다.

- 고개 : 턱을 약간 당기고 정면을 바라본다.

- 눈 : 약간 크게 뜬다.

앉은 자세 : 대화, 토론, 간단한 회의 등에는 앉은 자세를 취하게 되는 데, 이는 공부 자세와 같다.

- 의자 깊숙이 앉아 허리를 편다.

- 무릎을 나란히 놓는다.

- 양손을 가볍게 잡아 무릎 위에 놓는다.

- 자세를 바로하고 말하는 사람을 본다.

- 앞에 책상이나 탁자가 있을 때는 손을 맞잡아 책상 위에 가볍게 놓아도 좋다. 하지만 이것에 몸을 기대어서는 안 된다.

- 발이나 무릎을 꼬아 앉는 것은 피한다.

3 여아와 남아의 언어발달 차이

성별 및 출생 순서에 따라 아이의 개성이 달라지므로, 그러한 특성을 참고한다면 언어 교육 효과를 두 배로 올릴 수 있을 것이다.

여자 아이는 언어로 문제를 해결하는 능력이 남자 아이보다 뛰어나다. 일반적인 언어 능력에서는 별다른 차이가 없지만 구체적인 언어 능력에서 대해서는 몇 가지 미묘한 차이를 보인다. 남자 아이들보다 여자아이들이 감정이 들어 있는 낱말을 잘 표현하며 (좋아 · 사랑해 · 슬퍼 · 행복해 · 마음 아파 · 재미있어 · 예뼈 등) 그러한 느낌이나 감정을 담은 낱말들도 먼저 습득한다. 그래서인지 감정 표현에 더욱 솔직하다. 여자 아이들은 어떤 문제를 해결하기 위한 수단으로 언어를 사용한다. 해결책을 제시할 때도 남자아이보다 정확한 표현을 한다. 또 명사를 많이 사용하기 때문에 〈이름 맞추기 놀이〉나 〈끝말잇기〉 등을 즐기며, 분명하고 정확한 의사를 표현을 즐겨한다.

반면 남자아이들은 감정이 포함된 낱말을 여자 아이들보다 늦게 사용하며 문제 해결 방식에도 차이를 보인다. 남자 아이들은 말 보다는 행동으로 문제를 해결하려고 한다. 그리고 어느 정도 시간이 경과된 다음에야 대화를 통한 문제 해결을 시도한다.

이렇게 여자 아이들과 남자 아이들이 차이를 보이는 것은 교육과 놀이 방식의 차이에서 온다. 구체적으로 부모가 아들과 딸에게 서로 다르게 언어를 구사하기 때문이다. 아들과 대화를 할 때는 추상적이거나 복합적이지 않은 단순하고 간단한 대화를 나눈다. 사물의 이름보다는 순간적인 동작이나 행동에 대화의 초점이 맞춰져 있다. 그러나 딸과 대화법은 다르다. 아이가 자유롭게 생각을 답하도록 유도하는 개방형 질문을 자주하고, 아이 중심의 언어로 이야기 한다.

주로 복잡하고 긴 문장으로 감정을 표현하거나 과거에 일어났던 일에 대해 말한다. 대화의 주제도 사물이나 사람의 이름을 표현하는 것들이다. 문제를 해결을 위해서 어떻게 표현하면 되는지 부모가 언어 모델이 되는 것이다.

또한 남자 아이와 여자 아이의 놀이가 다르기 때문이다. 여자 아이들의 인형 놀이는 언어를 사용할 기회가 많은 반면, 자동차나 오토바이 등을 가지고 노는 남자 아이들은 자동차 소리 등 창조적 소리를 많이 낸다. 물론 남·여의 놀이가 정해진 것은 아니지만 보편적인 놀이 방식이 언어 발달에 영향을 미치는 것만은 분명한 사실이다. 따라서 성별의 차이를 무시하고 부모의 교육 방향에 따라, 남·여의 구분 없이 얼마든지 훌륭한 언어 구사를 할 수 있다.

많은 어머니들이 둘째 아이가 첫째 아이보다 표현력이 풍부하다고 이야기한다. 이것은 출생 순서에 따라 언어 발달의 차이가 나기 때문이다. 첫째 아이는 객관적이고 지시적인 언어를 주로 습득하고 구사하는 반면, 둘째 아이는 조잘조잘 재미있게 말을 한다. 언어 표현력이 첫째보다 훨씬 더 풍부한 것이다. 이런 이유 때문인지 대부분 첫째 보다는 둘째가 더 사교적이고 애교가 많다.

형제 자매간에도 언어가 다르게 발달하는 이유는 자라면서 제공받은 환경이 다르기 때문이다. 첫째 아이는 처음으로 태어난 만큼 집안의 관심을 독차지하면서 부모와 많은 시간을 보낸다. 자식이 하나일 때 부모는, 아이에게 정성을 다해 자세히 이야기한다. 아이 중심 말을 사용하며 적극적으로 아이를 지도한다. 반면 둘째 아이에게는 첫째 아이에 비해 많은 시간을 함께 해주지 못한다.

또 엄마가 두 아이에게 동시에 이야기해야 하므로 간접적인 질문보다는 직접적인 질문과 표현을 사용하게 된다. 특히 둘째 아이는 손위 형제 자매가 있기에 둘 이상의 대화를 듣거나 대화에 참여할 기회도 많다. 그래서 사회적인 언어 능력이

더 잘 키워진다. 둘째 아이가 첫째보다 사교성이 좋고 타인과

의 상호작용을 위해 언어를 구사하는 방법을 빨리 터득하는

것도 이 때문이다.

4 학년별로 달라지는 말하기 방법

1~2학년

학년별로 살펴보면 1~2학년은 읽기와 쓰기보다는 말하기에 비중을 두는 것이 좋다. 아이가 자신의 생각을 낱말이나 열 글자 내지 스무 글자 정도의 짧은 문장으로 표현하도록 도와준다. 집중력과 어휘력을 높이는 끝말잇기와 수수께끼는 물론 그림을 그린 뒤 설명해 보도록 한다. 동화를 듣고 동화 속 인물이 돼 이야기해 보는 것도 효과적이다. 말하듯 동화책을 읽거나, 매일 밤 말로 일기를 쓰게 하는 것도 좋다.

이때 부모는 아이에게 많은 말을 다양한 표현으로 들려 주어야 한다. 만약 책을 읽어 준다면 풍부한 표현력으로 아이의 사고력을 길러 주게 된다. 그리고 단답형의 질문을 피해 대화를 유도한다. 아이의 말의 속도가 느려서 답답하더라도, 완벽한 문장을 구사 할 수 있도록 인내를 갖는다. "왜 학원 안 갔니?"라고 무조건 혼내기보다는 "학원에 안 갔구나. 무슨 일 있었니?"와 같이 아이가 이야기할 수 있도록 질문한다.

자유롭게 말하는 가운데 왜 그렇게 생각하는지 이유를 말하도록 한다. 부모의 말에 대한 아이의 반응에 '왜 그런 생각을 했는지' 이유를 유도하도록 한다. 아이가 말을 하면 '발음이 정확해서 참 잘 들린다!' 등 구체적인 칭찬을 한 후 말의 내용을 분석해 준다. 이어 "다음에 더 좋은 얘기 들려 줘"라며 자신감을 돋우는 것으로 마무리한다. 혼잣말이나 무심코 던진 말에도 엄마가 즐겁게 맞장구쳐 주면 아이는 말하는 것에 재미를 느끼게 된다.

자녀의 언어 습관 중 말끝을 흐린다거나, 말을 장황하게 늘어놓는다거나, 아기 말투는 좋지 않다. 그럴 땐 귀찮더라도 매번 지적해 준다. 때로는 제대로 표현할 때까지 못 들은 척

한다. 특히 우물우물 말하는 아이는 입을 크게 벌려 이야기하
도록 돕는다. 그럴 땐 '아, 에, 이, 오, 우' 연습을 하게 한다.
모음만 또렷하게 해도 발음이 많이 분명해진다.

3~4학년

3~4학년은 자신의 생각과 주장을 나름의 타당한 근거와 자
료를 바탕으로 설명할 수 있는 나이다. 생각에 살을 붙여 한
두 문단 정도 확대해서 말하도록 지도한다. 사물이나 사건에
대한 의견 말하기나, 자신과 다른 의견을 들으면서 비교하기,
질문 만들기 등도 좋다. 자신의 생각을 밝히면서 상대방 의견
을 반박하려면 더욱 설득력 있는 이유를 찾아야 하고, 그러려
면 책을 많이 읽고 다양한 정보를 습득해야 한다. 독서 후에
는 요점을 정리하고 부모와 토론을 통해 정확히 이해했는지
확인해 본다. 또 어떤 주제를 놓고 1분, 2분, 3분 정도 혼자
이야기하는 훈련은 말하기 능력을 기르기에 매우 좋은 방법
이다. 미리 주제를 정해 주거나, 그날 있었던 일들 중 하나를
골라 육하원칙에 맞춰 구체적으로 말해 보는 것도 좋다. 이야

기가 끝나면 '내용은 재미있었는가?', '정해진 시간을 잘 지켰는가?', '발음이 정확했는가?' 등의 항목으로 말하기 평가표를 작성한다.

일상생활은 물론 신문 기사와 만화영화, 책 등 다양한 주제로 아이의 흥미를 사로잡는다. 계절과 날씨도 훌륭한 이야깃거리가 될 수 있다. 비가 많이 오는 날에는 '비 오는 날 먹고 싶은 음식' '비오는 날 생각나는 추억' 등으로 말이다. 아이가 좋아하는 게임이나, 가지고 싶어 하는 상품 등을 내걸면 자연스럽게 동기 부여가 되기도 한다.

5~6학년

5~6학년은 '나의 생각이나 입장', '견해와 이유', '구체적인 이유와 까닭', '중심 근거와 근거를 뒷받침할 수 있는 설명', '보조 근거' 등의 식으로 순서에 따라 논리적으로 말할 수 있다. 자신과 견해와 다른 주장에 대한 근거를 생각해 보도록 한다. 그리고 쟁점은 무엇인지, 또 장단점은 무엇인지 비교할 수 있는 찬반 토론을 유도한다. 이는 논리적으로 말하기의 올

바른 훈련법이다. 스스로 자료를 찾고, 이를 근거로 사실을 증명해 보임으로 상대방을 설득하기도 하고 협상하기도 한다. 아이는 스스로 자료를 수집하면서 많은 지식을 얻고, 이를 바탕으로 자신만의 논리를 만들 수 있다.

5 성향별 의사 표현법

숫기가 없고, 의사 표현 잘 안하는 내성적인 아이

내성적인 아이는 차분하고 생각이 깊은 반면 숫기가 없고 의사 표현을 잘 안한다. 이런 아이들은 자신의 능력만큼 실력 발휘를 못해 부모를 안타깝게 한다. 처음 만나는 사람과 쉽게 친해지지 못하고 일정한 거리를 두기 때문에, 새로운 사람을 사귀는 데 어려움이 있다. 그러므로 비교적 사회 활동 폭이 좁은 어린 시절에 내성적인 성격의 단점을 보완해주는 것이 좋다. 성격은 한 번에 바꾸기도 힘들지만, 내성적인 성격이 나쁘다고 볼 수 없으므로, 외향적인 성격으로 바꾸길 강요하지 않아도 된다. 내성적 성격의 장점이 차분하고 생각이 깊은 것은 살려두되, 낯가림이나 수줍어 할 말을 제대로 못하는 단점을 보완해 나가는 것이 좋다. 먼저 아이에게 차분하고 진중한 성격을 칭찬해 준다. 하지만 그것을 표현하지 않으면 다른 사람들이 알 수 없다고 수시로 이야기한다. 회장 선거나 발표회 등에 내보내는 거나, 학교나 교회, 아파트에서 하는 바자회나 자원 봉사 활동에 참여하게 한다. 여기서 주의 할 것은 아이의 의사와 상관없이 강요하거나, 부담을 주어서는 안 된다. 아이가 좋은 경험으로 생각할 수 있도록 동기 부여 정도만 해주는 것이 효과적이다.

때와 장소를 안 가리며 말이 많은 외향적인 아이

외향적인 아이는 밝고 사교적이라서 사회 활동을 하기에는 더 없이 좋은 반면, 말이 많아서 시끄럽고 때와 장소를 안 가리는 경향이 있다. 이러한 아이들은 적극적이고 밝은 성격은 살리되, 말을 하기 전 생각을 하도록 유도하며, 때와 장소에 맞는 언어를 구사하도록 인식시킬 필요가 있다. 내성적인 성격은 스스로 피해를 보지만, 외향적인 성격은 타인의 마음에 상처를 줄 수 있으니 주의해야 한다. 지나치게 외향적인 아이에게는 일상에서 때와 장소에 맞는 말하기를 지도한다. 또 생각 없이 말해 억울한 일을 당하거나, 소중한 사람을 잃는 등 말의 중요성을 다룬 책이나 영화를 접하게 하여 스스로 말을 신중함을 깨닫도록 한다. 백문이 불여일견이라고, 스스로 느끼고 깨닫는 것이 주위의 충고보다 훨씬 낫다.

남의 말을 듣지 않고 자기주장이 강한 아이

독불장군 식으로 고집이 세고, 무조건 자기 말이 옳다고 우기는 아이들이 많다. 이들은 부모의 말조차 귀담아 듣지 않아서 교육하는 데 어려움이 크다. 물론 우유부단하거나 귀가 얇은 것보다는 자기 주관이 뚜렷한 것이 좋은 시대다. 하지만 독불장군식의 자기 밖에 모르는 아이들은 학교에서나, 사회에서 절대 환영받지 못한다. 더 나아가 왕따가 될 수도 있다. 독불장군식의 고집불통 아이들에게 '고집을 꺾겠다'고 윽박을 지르거나, 부모의 생각을 강요하면 역효과가 나기 쉽다. 우선 아이가 원하는 대로 해주되, 스스로 책임을 지도록 교육한다. 고집을 부린 결과를 보며 자신의 생각이 잘못 되었음을 인정하게 하는 것이다. 물론 처음부터 아이의 행동이 변하지는 않는다. 부모가 인내심을 가지고 반복 교육을 하다보면, 어느 순간 '내가 고집을 부려서 더 고생을 하는 구나' 하고 스스로 깨닫게 된다.

고집 센 자녀를 둔 어머니들이 많이 하는 실수가 바로 무조건 혼내 고집을 꺾으려는 것이다. 하지만 부모가 혼내는 순간 아이들은 '누가 이기나 보자' 라는 식으로 더 고집을 부리고 억지를 피운다. 그러므로 엄마가 한 걸음 물러나는 것이 중요하다. 결정적인 순간에 아이의 잘못된 부분을 지적하고 스스로 고치도록 하는 것이 좋다. 능력만큼이나 인간관계가 중요한 곳이 사회다. 따라서 자기주장만 내세우고 남의 말을 듣지 않는 외골수의 성격은 반드시 잡아줘야 한다.

좋고 싫음에 대해 자기주장을 못하는 아이

'좋다, 싫다' 의견이 불분명한 우유부단한 아이들이 많다. 이런 아이들은 음식 메뉴를 결정하거나, 물건을 살 때도 다른 사람이 선택해주기를 바란다. 이런 현상이 나타나는 이유는 어릴 때부터 엄마가 모든 것을 결정해 주었기 때문이다. 음식을 먹을 때도, TV 프로그램을 결정할 때도, 장난감을 가지고 놀 때도 엄마가 다 알아서 해주었기에 자신의 생각을 가질 필요가 없었던 것이다. 이렇게 우유부단한 아이들은 하기 싫은 일을 억지로 하거나, 하고 싶은데도 의사 표현을 하지 못해 소중한 기회들을 놓치는 경우가 많다. 아이가 의사 결정을 할 수 있는 환경에 노출시켜 본다. 가족 행사나, 모임의 결정 사항을 아이에게 물어보는 식으로 말이다.

지금까지 부모가 다 결정했다면, 오늘부터는 아이의 생각을 묻고 엄마가 자신의 의견을 소중히 생각한다는 느낌을 주도록 한다. 아이가 우물쭈물 하며 쉽게 결정하지 못하더라도, 엄마는 아이의 선택을 기다려야 한다. 본인이 결정하지 못하면 아무 것도 얻을 수 없음을 깨닫게 하기 위함이다. 뭐든지 처음이 어렵다. 자신의 생각조차 정리하지 못해 어려움을 겪던 아이들도, 여러 번의 결정을 경험하다 보면 어느새 자신의 의견을 제시하는 야무진 아이가 될 것이다.

자존심이 강한 아이

자존심이 강한 아이는 무시당하거나 남에게 지는 것을 매우 싫어하며, 매사에 열심히 노력해서 좋은 결과를 얻으려 한다. 또 정확한 지식이 아니면 말하기를 매우 조심스러워 한다. 자신의 의견이 틀리면 자존심에 상처를 입기 때문이다. 그러나 자존심을 내세워 말을 아끼다보면 발전할 수 없다. 수업 시간에 잘 모르는 문제가 나와도 자존심 때문에 그냥 넘어가면 자기 손실이 클 수밖에 없는 것이다. 생각 없는 말로 타인에게 상처를 주는 것도 바람직하지 않지만, 자존심 때문에 말을 아끼기 시작하면 끝내 자신의 생각조차 입 밖으로 내지 못하는 아이가 될 것이다.

그러므로 이러한 아이들에게는 '틀려도 괜찮다'는 적극적이고 긍정적인 마인드를 심어 주어야 한다. '실패는 성공의 어머니'라는 에디슨의 일화나, 실패를 극복하고 성공한 사람들의 이야기들을 들려준다. 틀리거나 실패하는 것이 끝이 아니라, 새롭게 배울 수 있는 도약의 단계임을 알려준다. ‘틀려도 괜찮다. 몰랐으면 배우면 된다’ 라는 인식을 갖도록 유도한다. 아이의 오답에 혼내거나 윽박지르지는 부모가 돼서는 안 된다. 얼토당토 않는 대답으로 어이없게 만들지라도, ‘그렇게 생각할 수도 있겠다’고 최대한 이해하고 너그럽게 받아준다. 부모의 작은 노력이 아이의 인생을 바꿀 수 있다는 사실을 기억하자.

성격이 급한 아이

급한 성격으로 조리 있는 설명은커녕, 횡설수설하다 울음을 터트리거나 짜증을 내는 아이들이 있다. 생각이나 상황을 정확히 전달하지 못하니 속상하고 답답한 것이다. 특히 성격이 급한 아이들은 말의 순서나 언어의 기호 체계를 무시하고 자기가 원하는 것을 먼저 말 하는 버릇이 있다. 또한 다른 사람들의 이야기를 끝까지 듣지 못하므로, 자기 밖에 모르는 배려가 없는 아이라고 오해 받기 쉽다.

이런 아이들에게는 체계적인 대화를 유도한 후, 변하지 않으면 엄마도 아이의 이야기를 무시한다. 자녀의 말을 이해했더라도 아이가 답답함을 느끼도록 '이해가 안 된다'고 반복해서 말하는 것이다. 아이가 자신의 답답함을 해소하기 위해 논리적으로 말하기를 시도하지만, 쉽지 않다면 '그래서?' '왜?' '어떻게 됐어?' 등 말을 이어나갈 수 있도록 유도해 준다. 또한 이유나 상황 등을 설명해 주지 않으면 신뢰성이 떨어져 억울한 일을 당할 수 있다는 것을 구체적으로 설명해 준다. 논리에 어긋나는 자신의 행동 때문에 손해를 보는 일이 많다는 것을 강조한다. 요즘 아이들은 영리해서 손해 보는 행동이나 말은 안하려고 하기 때문에 의외로 효과적인 교육이 될 것이다.

공격적이고 폭력적인 아이

공격적이고 폭력적인 아이는 말보다 행동이 앞선다. 원하는 것이 있으면 말로 조리 있게 설득하려 하지 않고 폭력을 휘두르거나 적개심을 품고 대항한다. 문을 발로 차거나 가방을 바닥에 던지는 등 공격적인 행동을 하는 것이다. 친구에게도 섭

섭한 일이 있으면, 말로 풀기보다는 때리거나 따돌려서 보복을 한다. 이러한 행동은 어른이 되어서도 큰 문제가 될 수 있으니 꼭 잡아주어야 한다. 아무리 억울한 일이 있어도 폭력만은 절대 용납될 수 없음을 분명히 알려주는 것이다. 부모의 다그침에 아이가 폭력을 행사한다고 아이를 때리는 일은 절대 해서는 안 된다.

아이가 공격적으로 행동하더라도 화를 내거나 흥분하지 말고 침착하게 말한다. 만약 아이가 논리적인 말로 엄마를 설득 하려 한다면, 원하는 것을 들어주어도 좋다. 아이 스스로가 공격적으로 행동해봤자 얻는 것이 없다는 것을 알아야 한다. 자신의 폭력이 오히려 역효과가 난다는 사실을 깨달아야 하는 것이다. 진정 원하는 것을 얻으려면 공손한 태도로 설득하는 것이 최선의 방법임을 인식시킨다.

산만한 아이

집중을 못하고 산만한 아이들은 말을 하다가도, 주의 환경에 관심을 뺏겨 삼천포로 빠지는 일이 많다. 학교에서 일어난 일을 말 하다가 갖고 싶은 장난감을 나열 한다던가, 이야기를 하다가 없어져 버리는 일까지 있다. 이 아이들은 성장해서도 이치에 맞는 논리적 대화를 하지 못한다. 일상의 작은 일도 체계적으로 말하지 못하는 아이가, 대입 면접에서 어떻게 일관된 자신의 논리를 펼칠 수 있겠는가. 그러므로 산만한 아이는 집중해서 이야기하고 듣는 훈련을 시켜야 한다.

먼저 녹음기(캠코더)와 듣기 테이프를 이용하는 것이 좋다. 한 주제에 대해 1분 스피치를 시킨 후 녹음하는 것이다. 핸드폰 음성 메시지를 남기는 경우를 생각해 보자. 짧은 시간에 의사를 전달하기 위해서 최대한 집중하고, 조리 있게 말을 하려고 노력한다.

산만한 아이들 역시 목소리가 녹음되고 있음을 인식하다보면 집중력이 높아진다. 여기에 집중력을 높이는 듣기 훈련으로는, 동화나 수수께끼 테이프 등을 이용하는 것이 좋다. 동요나 가요 테이프의 가사를 적다보면 아이가 흥미를 느끼고 이야기에 집중할 수 있을 것이다.

대답이 너무 느린 아이

질문을 하면 제 때 대답을 못하는 아이들이 있다. 대답을 하긴 하는데 너무 느려서 주위 사람들을 답답하게 하는 것이다. 이런 아이들은 학교나 사회에서 환영 받지 못한다. 아이의 본성은 착하더라도 타인의 짜증을 유발하는 이유만으로 친구들에게 소외 될 수 있다.

이런 아이들에게는 '네가 대답하지 않으면 엄마도 대답하지 않겠다'고 못을 박는 것이 효과적이다. 그리고 약속대로 반나절 정도 아이의 말에 대답을 하지 않는다. 아이들 스스로가 경험하게 하는 것만큼 효과적인 교육 방법은 없다. 엄마가 제 때 대답해 주지 않으면 답답함을 느끼고, 자신의 느린 대답에 엄마 역시 답답할 것이라는 것을 깨닫게 해주는 것이다. 또한 질문을 던지며, 열을 쉴 때까지 꼭 대답하라고 조건을 제시하는 것도 좋은 방법이다.

6 말하기의 다양한 문제점

부정확한 발음

"어머, 너 참 예쁘게 생겼구나. 이름이 뭐니?"

"이혜원이요."

"혜은? 혜인? 혜연이?"

"아니요, 혜원이요."

아이들 중에는 발음이 불분명해 자기 이름조차 정확히 전

달하지 못하는 경우가 있다. 이럴 때면 상대방은 말을 알아들

을 수 없어 답답하고, 말하는 사람도 여러 번 대답해야 하므로 여간 수고스러운 게 아니다. 말을 상대방에게 잘 전달하려면 말의 속도와 목소리의 크기도 중요하지만 무엇보다 발음을 정확하게 해야 한다.

각각의 단어는 음식의 재료와 같다. 아무리 훌륭한 재료도 잘 다듬어 지지 않거나, 제 자리에 넣지 않으면 맛있는 요리를 만들 수 없다. 이와 마찬가지로 발음이 부정확하면 말의 내용 자체가 무용지물이 된다.

정확한 발음은 바른 입모양에서 나온다. 발음이 부정확한 사람의 입모양을 관찰해 보면 입을 충분히 벌리지 않고 말을 한다. 우리나라 말도 영어나 불어처럼 입 모양과 혀의 위치가 매우 중요하다. 영어의 R을 소리 낼 때 혀의 위치에 따라 다른 발음이 난다.

● **ㅅ발음이 안 될 경우** (선생님 → 떤생님, 아이스크림 → 아이뜨크림 등)

혀끝을 윗잇몸에 가까이 가져간 다음, 혀끝과 윗잇몸 사이로 공기를 마찰시키며 내뿜도록 한다.

● **ㄹ발음이 안 될 경우** (어린이 → 어닌이, 리본 → 이본, 불어요 → 부더요 등)

흔히 혀 짧은 소리라고 하는 데, 이럴 땐 혀끝을 입천장 앞부
분에 정확히 닿게 한다. 특히 혀 짧은 소리는 아동기 언어 특
징으로도 볼 수 있으므로, 정확한 발음을 할 수 있도록 어릴
때부터 입 모양과 혀 위치를 정확히 알려 주고 연습시켜야
한다.

● **ㅇ 발음이 안 될 경우** (행복 → 햄복, 항복 → 함복 등)

아랫입술과 윗입술이 닿지 않게 하고 혀 뒤를 입천장 뒤쪽에
붙여 소리를 낸다.

● **ㅈ 발음이 안 될 경우** (준상이 → 둔상이, 주몽 → 두몽 등)

어눌한 느낌으로 판단력이 부족한 아이들 사이에서 놀림을 받
을 수 있으니, 빨리 잡아 줘야 한다. ㅈ은 혀를 치아 뒤에 대고
혀 차기를 할 때 나는 소리를 내면 제대로 발음할 수 있다.

발음은 어릴수록 교정이 쉽기 때문에 발견 즉시 훈련을 시

켜야 한다. 또 부모의 발음이 정확하지 않으면 자녀의 발음
또한 고칠 수 없다는 것을 명심하고, 자녀와 함께 교정 연습
을 한다.

표현력이 부족하여, 말을 더듬거나 같은 말을 반복한다

"교장 선생님께서… 음, 뭐지? 저를 … 그러니까 … 칭찬해
주셨어요. 음, 제가, 복도에 떨어진 휴지를 … 줍는 것을 … 보
셨대요."

학교에서 일어난 일을 이렇게 설명하는 아이들이 있다. 적
절한 어휘가 생각나지 않아 머릿속에 있는 내용을 말로 표현
하지 못하는 것이다. 그러다 보니 스스로도 답답해 "음, 뭐
지?"와 같은 불필요한 말을 되풀이하며 말을 매끄럽게 이어
나가지 못한다. 이것은 아이가 토막말 습관이 들어 있기 때문
이다. "물!", "안 먹어!", "싫어!", "맛없어!", "사 줘!" 등 항

상 단어로만 말해도 엄마가 이해하고 들어주니 더 이상의 어휘 구사나 표현의 필요성을 못 느낀 것이다. 간단한 말로 자신의 의사를 표시하고, 이것이 습관화되면 길게 말하는 것에 대해 노력하지 않는다.

어휘력과 표현력이 부족하면 단순한 표현력의 부족을 넘어서 자신이 생각하는 것, 원하는 것을 정확히 표현할 수 없다. 유아기 때는 가정이 사회이고 부모님이 전부이니 토막말 사용이 문제되지 않았을지도 모르지만 사회는 다르다. 유치원이나 초등학교에 입학하면서부터 아이는 가정에서 벗어나 친구와 선생님을 만나고 진정한 사회 구성원이 된다. 자신의 생각을 명확하게 표현할 때, 혹여 당할 수 있는 억울한 일도 피해 갈 수 있고 원하는 것을 이룰 수 있다. 모호한 단어 사용, 단답형 대답, 토막말 사용, 횡설수설은 누구에게도 환영받지 못한다.

토막말 습관을 고치려면 무엇보다 엄마의 노력이 절실히 요구된다. 아이가 '음, 뭐지?' 라고 특정 단어나 적절한 표현이 생각 안 나 머뭇거리면 적절한 표현을 바로 알려 준다. 아이가 횡설수설할 때마다 바르게 지도하는 것이 번거로운 일이겠지만, 부드러운 표정으로 기다려 준다. 그 다음 아이의 이야기를 파악해 제대로 된 문장으로 정리해 준다. 엄마가 이야기를 잘 정리해 들려 준 뒤에는 아이에게 다시 엄마처럼 말해 보도록 한다.

아이의 말을 중간에 잘라 엄마가 마무리 짓는 것은 금물이다. 횡설수설하더라도 아이가 스스로 정리해서 말을 끝마치도록 하는 것이 중요하다. 이렇게 연습하다 보면 어느 순간 아이가 머릿속에 흩어져 있던 단어들을 그럴 듯한 문장으로 엮어 내게 된다. 적절한 단어 사용과 풍부한 표현력은 자신감과 직결된다. 자신의 생각을 밝히는 의사 표현에서의 자신감은, 적극적인 성격과 리더십, 긍정적 마인드까지 키워 준다.

말을 하던 중 적절한 어휘가 생각나지 않아, 다른 사람의 눈치를 보면서 말을 더듬는 아이들이 있다. 이런 아이들에겐 한 문장에서 중요한 단어를 찾아서 강하게 소리 내는 법을 가르쳐 보자. 글을 그냥 읽는 게 아니라 강조할 단어의 앞뒤를 띄어 읽게 하거나 강조해서 천천히 읽게 한다. 특히 말의 느낌을 살려 이야기하면 더욱 효과적이다. '매웠다', '추웠다', '시원했다', '더웠다', '얼큰했다' 등 감정과 느낌을 살려 말을 하다 보면 생동감 있는 표현으로 전달력도 좋아진다. 말을 하기 전 잠시 마음의 여유를 갖고 숨을 쉬거나, 살짝 웃는 것도 좋은 방법이다.

말끝을 흐린다

"초콜릿은 설탕이 많이 들어가고 달아서…."

설탕이 많이 들어 있고 달콤해서 초콜릿이 좋다는 것인지 싫다는 것인지 정확한 의사를 알 수 없다. 말을 하다 말끝을 흐리며 문장을 마치는 아이들이 의외로 많다. 우리말은 영어와 달리 서술어가 뒤에 배치되기 때문에 말끝을 흐리면 내용 자체가 달라진다. '있다/있지 않다', '잘 봤다/잘 보지 않았다', '예쁘다/예쁘지 않다' 등 서로 반대되는 의미가 마지막

말에 담겨 있다. 그러나 많은 아이들이 주어와 목적어까지는 이야기를 잘하다가도 마지막 부분('있다', '있지 않다')에서 말끝을 흐려 버린다. 본인이 말한 내용을 수습할지 모르거나, 습관적으로 그런 경우가 많다.

그러나 말끝을 흐리는 언어 습관은 자신의 생각이나 의도를 분명하게 전달하지 못할 뿐 아니라 오해의 소지를 낳을 수 있다. 자신감이 없어 보여 듣는 이에게 신뢰를 주기도 힘들다. 이것은 발표, 입학시험 인터뷰, 구술 면접시험 같은 공식적인 말하기 평가 자리에서 더욱 두드러진다. 말하기는 그 사람의 능력을 재는 중요한 척도이다. 컴퓨터와 전자 매체가 발달하고 중요한 몇 가지 단어로 의사를 전달하는 CMC(컴퓨터를 매개로 한 의사소통) 사회가 됐다고 하지만, 실제로 우리 사회에서는 정확한 문장으로 말하는 사람이 여전히 좋은 평가와 신뢰를 받는다.

따라서 말끝을 흐리면, 말의 내용이 어떻게 달라지는지 분명한 이유를 알려 주고 실례를 통해 구체적으로 터득하게 한다. 서술어를 뒤에 사용하기 때문에 끝까지 말하지 않으면 궁

정인지 부정인지 구분하기 어렵다는 것을 알려준다. 부정어나 긍정어, 동사, 형용사가 문장의 맨 끝에 오는 서술어에 의해 결정된다는 것을 이해할 수 있도록 한다. 이때도 일방적으로 윽박지르거나 지시하는 것은 금물이다. 왜 말끝을 흐리면 안 되는지, 말끝을 흐리면 어떤 문제가 생기는지 차근차근 설명해서 스스로 고치려는 목적의식(동기 부여)을 갖게 한다. 일단 아이가 말끝을 분명히 해야 하는 필요성을 인식하고 자각한다면, 말끝을 흐리는 습관은 생활 속에서 어려움 없이 고칠 수 있다.

발표 불안증(대인공포증)이 있다

"지혜야, 외숙모께 인사 드려야지. 어머, 애도 참…. 우리 애는 숫기가 없어요."

추석이나 설 등 온 가족이 모인 명절날, 아이가 오랜만에

만난 친척들에게 인사를 못 하고 쭈뼛거리거나 거부감을 갖고 도망가는 경우가 종종 있다. 집에서는 조잘조잘 재미있게 말도 잘하는 아이가 집을 나서는 순간부터 꿀 먹은 벙어리가 되기도 한다.

어려서부터 부모의 과잉보호 속에 동네 슈퍼마켓조차 혼자가 본 적이 없는 아이일수록 낯선 사람 앞에서 말하기를 싫어하고, 여러 사람 앞에서 발표하는 것을 두려워한다. 발표 불안증 역시 이러한 평소 습관으로부터 나오는 것이다.

아이의 낯가림을 고쳐주려면, 많은 사람들을 통하여 마음을 열어준다. 동네 슈퍼마켓에 심부름을 자주 보내 주인 아주머니와 인사도 하게하고, 놀이터에서 만난 새 친구에게도 먼저 말을 건네도록 도와준다. 쑥스러워 물건 가격을 못 묻는 아이에게는 "자, 아주머니께 얼마냐고 여쭤 봐야지" 라고 알려 줌으로써 그때그때 말할 기회를 준다. 아이의 생일날, 친구들을 초대해 아이가 여러 사람 앞에서 말 할 수 있는 기회를 마련해 주는 것도 좋다.

실제 한 웅변학원에서는 수강생들에게 낯선 사람에게 길

묻기, 지하철에서 연설하기 등을 통해 발표불안증을 없애 준다고 한다. 이러한 발표력과 말하기의 자신감은 자녀가 인생을 살아가는 데 매우 든든한 힘이 된다.

허스키와 둔탁한 목소리로, 소리 지르며 말한다

"엄마, 로봇이 무척 갖고 싶어요. 저 로봇 사 주시면 안 될까요?"

맑고 고운 목소리로 또랑또랑 이야기하는 아이와, 쉰 목소리로 고래고래 소리를 지르듯 이야기하는 아이가 있다. 과연 어떤 아이의 말을 들어주고 싶은가. 아마도 또랑또랑 맑은 목소리로 말하는 아이의 소리에 귀를 기울이게 될 것이다. 언성 높여 소리 지르는 말투 때문에 사과해도 친구가 진심으로 느끼지 않을 수 있고, 선생님께 공손하게 인사를 해도 예의 바르게 느껴지지 않을 수 있다. 또 입학시험, 인터뷰, 선거 연설 등에서 같은 실력이라면 목소리가 편안하고 듣기 좋은 사람이 유리할 것이다.

물론 엄마는 아이의 됨됨이나 성격을 이미 알기 때문에 아이를 판단하는 데 목소리는 부차적인 것이 될 수도 있다. 그러나 대다수의 사람들은 처음 본 모습으로 아이를 평가하고 인식한다. 심리학에서는 이러한 것을 '초두효과'라고 한다. 처음 느낀 첫인상이 상대방의 전체 이미지를 결정짓는다는 것이다. 첫인상, 첫 느낌이 좋으면 이후 그 사람의 행동이나 말까지도 긍정적으로 생각하는 반면, 첫인상이 안 좋으면 이후 그 사람의 모습이나 행동까지 부정적으로 인식한다.

편안하고 전달력 있는 좋은 목소리는 말의 실질적 내용만큼이나 중요하다. 이처럼 말을 담는 귀중한 그릇인 목소리는 어린 시절에 형성된다. 어린 시절 악을 쓰며 울거나 소리 질러서 쉰 목소리를 '시간이 흐르면 나아지겠지'라는 생각으로 교정해 주지 않고 방치하면, 듣기 싫은 목소리가 평생 굳어질 수 있다. 선천적으로 둔탁하거나 허스키하고 찢어지는 고음의 평소 말할 때 조금 낮은 톤으로 천천히, 또박또박 말하는 연습을 시킨다. 높은 톤의 목소리에 말의 속도까지 빠르면 시끄럽게 느껴진다. 반대로 목소리가 허스키하거나 둔탁하다면 톤을 중, 고음으로 올려 주는 것이 좋다. 그렇다고 일부러 가성을 내거나 시끄러운 소리를 내는 것은 아니다. 허스키하거나 둔탁한 목소리도 의식적으로 말의 느낌을 살려 준다거나, 단어 하나하나의 음을 살려서 정확히 말하다 보면 전달력도 높아지고 매력적인 목소리로 탈바꿈할 수 있다. 말의 속도는 높은 톤의 목소리와는 달리 천천히 하는 것보다 약간 생동감 있는 것이 좋다. 변성기 전에는 목소리가 완전히 잡히지 않은 상태여서 평소 목소리 훈련이나 정확한 말하기, 복식호흡 등을 통해 편안하고 좋은 목소리로 만들 수 있다.

"선생님, 우리 아이가 말이 너무 빨라요. 도통 내용을 알아들을 수 없어요."

이런 걱정을 하는 엄마들이 많다. 말을 전달하는 데 속도는 매우 중요한 역할을 한다. 말하면서 끙끙대거나 몰아쳐 빨리 말하는 것은 호흡을 무시해서 생기는 버릇이다. 말하다가 숨을 쉬는 것을 휴지pause라고 하는데, 숨쉬기는 말하기에서 매우 중요한 역할을 한다. 말이 빠르고 정신없다고 아이에게 짜증내거나 못 들은 척하는 등 부모의 불편한 심기를 드러내서는 안 된다. 이런 부모의 태도는 아이로부터 말하기의 부담을 더욱 가중할 뿐이다. 이럴 때는 자녀가 부모의 요구나 충고를 귀찮게 여기지 않도록 최대한 자연스럽게 고쳐 나가야 한다.

이전 세대에 비해 더욱 많은 정보를 접하는 요즘 어린이들은 하고 싶은 말이 많다. 이야깃거리는 많은 데 생각대로 말이 나오지 않으면, 아이들은 숨을 쉬지 않고 급하게 이야기하려 한다.

아이들은 폐활량이 작은 탓에 급하게 말할수록 숨이 가쁘다. 만약 아이가 쉬지 않고 숨 가쁘게 이야기하면 "거기서 한 번 쉬고 다시 이야기해 줄래? 그래서 어떻게 되었다는 거니?" 등과 같이 정리해 말하도록 유도한다. 부모도 아이와 같은 방법으로 내용을 알 수 없을 만큼 빠르게 이야기 해 본다. 이것은 확실한 효과가 있다. 아이는 엄마의 답변을 못 알아들어 답답함을 느끼면서 말의 속도가 중요하다는 점을 깨닫는다.

자녀의 빠르고 숨 가쁘게 말하는 습관을 고쳐 주려면 틈나는 대로 소리 내 책을 읽게 하는 것도 좋다. 교과서나 동화책, 혹은 신문이나 전단지도 좋다. 이때 무조건 소리 내 읽게 하는 것보다 책에다 일일이 숨 쉴 곳을 표시해 놓고, 표시된 곳에서 끊어 읽게 하는 것이 효과적이다.

"혜연이는 V 운동장으로 V 응원하러 나갔습니다" 등과 같이 해 주는 것이다. 숨을 쉴 때도 박자를 맞춰 정확히 쉬도록 한다. 아이에게 호흡에 대해 이해시킨 뒤 문장 중간에는 반

박자, 문장이 끝났을 때는 한 박자씩 쉬도록 하면 좋다. 책을 읽을 때는 무조건 큰소리를 내게 하기보다는 정확한 호흡에 맞춰 배에 힘을 줘 읽게 한다. 이러한 책 읽기는 평소 말하기에 큰 영향을 주기 때문에, 호흡이 고르게 되고 또박또박 말하는 습관도 길러진다. 소리 내 책을 읽는 것은 호흡뿐만 아니라 발성 연습에도 도움이 된다.

말할 때 똑바로 보지 않는다

"제가 안 그랬어요. 원래 살 때부터 고장 나 있었어요."

고장 난 샤프를 들고 문방구에 교환을 하러 간 아이의 말을 문방구 주인아저씨는 믿어 주지 않는다. 아이가 말을 하면서 계속 눈을 돌리고 시선을 못 맞추기 때문이다. 성인들의 세계에서도 시선을 자꾸 돌리거나 불안정한 사람, 눈이 마주치면 급히 피하는 사람을 종종 볼 수 있다. 이러한 사람들과 이야기하다 보면 일단 그 사람이 하는 말에 집중하기 힘들고 말의 내용에 신뢰가 가지 않는다.

더 나아가 그 사람의 말이 거짓일지도 모른다는 느낌까지 받는다. 말을 할 때 시선이 불안정하다는 것은 내용의 신뢰도에 치명적이다. 특히 말을 하는 사람에 대한 믿음을 감소시키기 때문에, 실질적으로 '말의 내용이 좋고 나쁘다', '논리적이다 논리적이지 않다' 평가 자체가 무의미해질 수 있다.

그런데 이런 불안정한 시선과 구부정한 자세는 평소의 모습인 경우가 많다. 늘 구부정한 어깨와 비뚤어진 고개로 생활하는 사람이, 대화 시 의식적으로 구부정한 어깨를 펴고 비뚤어진 고개를 바로잡자니 어색해지는 것이다. 이러한 구부정한 자세와 시선 맞춤은 말하기를 떠나 자신의 평소 이미지를 위해서라도 반드시 바로잡아야 한다. 구부정한 자세로 눈조차 마주치지 못하는 사람의 능력을 누가 쉽게 인정해 주겠는가. 평소 모습이 말할 때의 모습이라고 생각하고 늘 바른 자세와 정확한 시선 맞춤으로 습관화하자.

커뮤니케이션 코칭을 하면서 느낀 점이 있다면 어린 아이들일수록 교육효과가 크고 빠르다는 것이다. 아이들은 평소 자신의 자세가 구부정한 것, 말할 때 상대방과 시선을 마주치지 못하는 것 등을 인식하지 못하거나, 그러한 행동들이 말하기에 미치는 영향들을 알지 못하는 경우가 많다. 혹시 부모의 자세가 구부정하거나 말할 때 상대방과 시선 맞추기가 힘들다면 아이보다 먼저 고쳐야 한다.

곧은 자세와 안정된 시선은 남녀노소 누구에게나 사회 활동에 플러스 요인으로 작용한다. 아울러 이러한 말할 때의 자세와 제스처, 시선 맞춤 등은 '너와 내가 의미를 공유' 하게 되는 커뮤니케이션의 중요한 요소들임을 꼭 기억하기 바란다.

대답이 늦거나 하지 않아 상대방을 답답하게 한다

"영미야, 집에 전화 온 것 없었니?"
"……."

다른 사람이 하는 말에 제때 대답을 하지 않는 습관이 있다면 반드시 고쳐 주어야 한다. 질문을 한 후 아이가 어떤 태도를 보이는지 정확하게 관찰하여 답변을 제때 하지 않을 경우 그것이 왜 나쁜지에 대해 설명해 준다. 최소한 '네', '아니오' 정도는 즉각적으로 이야기할 수 있게끔 한다. 부모 또한 자녀가 묻는 말에 대답을 안 하거나 건성으로 대답하지 말고 성의 있게 즉시 대답해야 한다. 남의 말에 대답을 하지 않는 습관은 사람들을 답답하게 하고 짜증나게 한다. 또 본인에게 불이익을 주며 사회생활에도 치명타가 될 수 있다.

입을 가리며 이야기한다

말을 할 때 입을 가리며 이야기하는 사람들이 있다. 이런 점은 아이들에게서도 나타난다. 발표할 때는 그나마 나은 데, 단 둘이 대화하거나 친구에게 이야기하는 모습을 보면 항상 입을 가린다. 이는 말이 정확하게 전달되지 않으며, 입을 가리는 손 모양에 신경 쓰여 상대방도 대화에 집중하지 못한다. 손으로 입을 가리고 말하는 모습은 자신감이 없어 보이고, 말에 대한 신뢰도도 떨어뜨린다.

혹시 아이가 입을 가리며 이야기하는 습관이 있다면 고쳐준다. 또 부모 자신도 무의식중에 입을 가리지 않는지 체크해 본다. 치아에 자신이 없거나 혹은 입 냄새가 날까 봐 걱정이 되어 가까운 사람과 이야기할 때 입을 가리는가? 입을 가리기 보다는 근본적인 문제를 해결한다.

말을 할 때 쉽게 숨이 차고 지친다

"벌거벗은 임금님은 거리에 나가… 거리에 있는 사람들은…, 휴우."

말을 하거나 책을 읽을 때 아이가 늘 숨차하고 쉽게 지친다면 읽고 있는 책을 잠시 덮어 둔다. 그리고 큰 글씨로 된 쉬운 동화책을 꺼내 읽도록 한다. 이때 천천히 또박또박 읽되 문장 성분과 의미에 맞게 정확히 끊어 읽기를 지도한다. 아이와 엄마 모두 마음에 여유를 가지고 동화책의 내용을 생각하며 천천히 읽는 연습을 반복한다. 여유를 가지고 이야기하면 숨이 차거나 힘든 것이 훨씬 줄어든다. 읽는 연습과 병행해 읽은 후 동화책의 줄거리 요약, 주인공을 비롯한 인물 캐릭터 분석 등 엄마와 함께 이야기하면서 숨차게 말하는 것을 자연스럽게 고쳐 나가도록 한다.

어리광스런 말투를 자주 쓴다

"우리 왕자님, 유치원 잘 다녀왔쩌?"
"응, 할머니, 나 유치원 잘 다녀왔쩌."

자녀의 아기 말투를 바로잡으려면 부모나 할머니부터 이런 말투를 삼가야 한다. 아이가 귀엽다고 자녀의 말투로 대화하는 부모들이 많다. 아이는 부모가 모델이므로 부모의 말을 그대로 배우고 따라한다. 부모가 아이에게 어릴 적부터 높임말과 바른 말투를 써 주면 아이 역시 그렇게 된다. 아직 말을 할 수 없는 유아라고 해서 부모가 아기 말투를 쓸 필요는 없다. 말을 할 수 없는 아이들도 알아들을 수는 있기 때문에, 어린 시절 엄마에게 들은 말투를 기억한다. 따라서 엄마의 태도가 자녀의 언어 교육에 큰 영향을 미친다.

갓 태어난 아기들도 큰 소리와 작은 소리에 다르게 반응하며 조용한 음악을 듣느냐, 시끄러운 음악을 듣느냐에 따라 성격도 달라진다. 눈높이를 맞추고 아이를 배려하는 것은 말투가 아닌 말의 내용에 담겨야 한다. 아이에게 어른스러운 어투로 정확히 말하되, 아이를 엄마의 소유물이나 아무것도 모르는 아이로 취급하지 말아야 한다.

실제로 많은 부모들이 자녀의 공부 습관에 열을 올리면서 아이의 말버릇이나 언어 습관은 방심하는 경우가 많다. '아이가 아직 어리니까 아기 말투를 쓰는 것이 당연하지', '시간이 흐르면 나아지겠지' 하고 생각하다간 훗날 되돌릴 수 없는 결과를 낳는다. 성인들 중에도 혀 짧은 아기 말투로 이야기해서 듣는 이의 얼굴을 찌푸리게 하는 사람들이 많다. 언어 습관이란 것은 나이가 들수록 고치기 힘들다. 자녀를 당당한 사회인으로 키우려면 귀여운 아기 말투는 빨리 고쳐 주도록 한다.

일상생활에서 자녀의 아기 말투가 쉽게 고쳐지지 않으면 어른 문체의 책이나 신문 등을 정확한 어투로 소리 내어 읽도록 한다. 특히 어린이 신문은 육하원칙을 담은 정확한 어른 문체이기 때문에 소리 내 읽으며 교정하는 데 좋다.

또 말할 때마다 어절 끝에 '요'를 습관적으로 붙이는 것도 좋지 않다. 이는 문장 끝에 '요' 자를 붙이면 높임말이 된다고 착각해서 생긴 잘못된 언어 습관이다. 그래서 반말에 '요'만 붙여 "맛있게 먹었다요", "모른다요", "글쎄다요", "싫다요" 등 어색하게 말하는 아이들이 있다. 무심코 귀엽게 넘길 수도 있지만 말투란 한번 입에 붙으면 쉽게 고쳐지지 않는다. 아이다움은 말투가 아닌 순수함과 기발한 생각에서 느껴져야 한다.

"맹구야, 너는 어떻게 생각하니?"

"네? 선생님, 제가 안 그랬는데요."

과거 TV 개그 프로그램에서 나왔던 우스갯소리다. 봉숭아 학당에서 선생님이 맹구의 생각을 물었는 데, 맹구는 질문의 의도와 동떨어진 대답을 하여 주위의 웃음을 산다. 그런데 이런 일은 비단 맹구에게만 일어나는 것이 아니다.

우리는 흔히 다른 사람의 이야기를 들으면서도 '이따 점심은 뭐 먹지?', '이번 달은 핸드폰 요금이 왜 많이 나왔지?' 등의 다른 생각을 한다. 경청하기, 즉 듣기는 후천적인 훈련으로 충분히 좋아질 수 있다. 우리가 듣는 것을 의식해도 충분히 좋아질 수 있다. 말하기는 혼자 하는 드리블이 아니라 상대방에게 패스하고 건네받는 쌍방향 커뮤니케이션이다. 상대가 던져 주는 공을 되받지 못하면 더 이상의 패스는 불가능해진다.

말하기도 이와 마찬가지다. 상대방의 말을 잘 듣지 않으면 더 이상 말을 이어 나갈 수 없게 된다. 질문에도 동문서답하기 일쑤다. 일상에서 어떤 설명이나 지시를 잘 듣지 않아 일을 망치거나 수행하지 못하는 경우가 많다. 따라서 듣는 것은 말하는 것 못지않게 중요하다. 그래서 스피치 전문가들은 논리적으로 말 잘하는 사람이 아닌 남의 말을 잘 듣는 사람이 '정말 말을 잘하는 사람'이라고 이야기한다.

일단 아이가 경청하는 능력이 부족하다면 엄마가 이야기를 한 후에 '엄마가 뭐라고 했니?'라고 되묻는다. 귀찮겠지만 그렇게 하다 보면 아이는 엄마 이야기를 듣는 것에 집중하게 되며, 다른 사람들의 말을 경청하는 습관도 들이게 된다. TV만 보는 아이에게 가끔 라디오를 들려주거나 듣기 테이프를 틀어 주고 듣기 연습을 시키는 것도 좋다. 말하기에서 듣는 것이 얼마나 중요한 것인지 아이가 완전히 이해할 수 있도록 구체적인 예를 통해 설명해 주고 이해시키는 것이다.

"주세요, 시원한 물. 나 먹고 싶어요, 물."

최근 조기 영어 교육 열풍으로 한글과 영어를 함께 배우는 것이 일반화되면서, 국어와 영어 어순을 헷갈리는 아이들이 많아졌다. 영어와 국어의 어순 배치가 정반대이기 때문이다. '나는 학생입니다' 라는 문장을 영어로 바꾸면 'I am a student'가 된다. 즉 '학생 student' 이라는 주어가 뒤로 가고 '입니다 am' 라는 서술어가 앞에 오는 것이다. 이처럼 영어와 국어의 어순 배치가 전혀 다르므로, 우리말 문장의 조성 원리를 완벽하게 이해하지 못한 상태에서 영어를 배우는 아이들은 혼란스러울 수밖에 없다. 우리말을 영어처럼 굴려서 발음하거나 우리말의 어순 배치를 영어식 어순으로 하는 등 조기 교육의 부작용이 심각하다.

발음 이상이 일방적인 말하기 전달의 문제라면, 문장 어순의 헷갈림은 단순한 말하기와 듣기를 넘어서 글을 읽고 쓰고 이해하는 의사소통 전반에 문제를 일으킬 수 있다.

영어가 아무리 중요하다 해도 우리말을 제대로 아는 것이 중요하다. 우리말 어순이 정확할 때 영어 표현도 명확하게 나오는 법이다. 우리말을 잘하는 사람이 영어도 잘한다. 그러므로 자녀가 국제화시대에 경쟁력 있는 인재가 되길 원한다면, 영어 교육보다 우리말 교육에 신경 쓰자. 우리말 어순을 분명히 알고 상황에 맞는 적절한 의사 표현을 할 수 있을 때 영어를 가르쳐야, 아이 스스로 두 언어의 차이점을 구분하고 받아들인다. 아이가 우리말 어순을 확실히 알고 있다면 그 어순과 표현을 기준으로 비교해 가면서 영어 공부를 시키는 것이 좋다. 만약 아이가 조기 영어 교육으로 이미 우리말 어순을 헷갈리고 있다면 잠시 영어 공부를 멈출 것을 권한다.

'우리 언제 가요? 놀이동산?' 이라고 말하면 '우리 놀이동산에 언제 가요?' 라는 바른 표현을 알려준다. 아이가 어순이 틀릴 때마다 바로잡아 주는 것이 개선 효과가 가장 크다. 짧고 쉬운 문장을 활용해 주어와 서술어의 개념을 익히고 일상에서 정확한 우리말 어순을 지키는 연습을 시킨다.

말이 거칠고 아무 말이나 생각 없이 내 뱉는다

"에이씨, 왕 짜증나서 죽을 뻔했네. 더럽게 맛없어서 토할 뻔했다니까."

이것이 초등학교 3학년 아이의 평소 말하기다. 아마도 자녀를 키우는 엄마들 중에 공감하는 분들 꽤 많을 것이다. TV와 컴퓨터 게임, 만화책 등을 접하며 아이들은 어른의 말하기를 흉내 내며 감정대로 나오는 말, TV에서 언젠가 나왔던 말 등을 그대로 따라하고 있다. 특히 폭력과 욕설이 난무하는 게임이나 TV 프로그램을 접했을 경우 거기서 나오는 욕설이나 말투 등을 배워서 친구들에게 사용하며 과시하는 경우까지 있다. 아이들은 모방을 좋아하고 뭐든 습득하고 따라 하기 때문에 그냥 웃어넘길 일이 아니다. 이렇게 나쁜 말이나 부정적인 말, 욕설 등을 자주 사용하다 보면 단순한 말하기를 넘어 마음가짐 자체도 부정적이 되기 쉽다. 어린 시절, 언어 습관만큼이나 중요한 것이 밝고 긍정적인 사고이다. 이러한 긍정적인 마인드가 어떠한 습관이나 교육보다도 중요하다. 밝고 긍정적인 사람이 결국 행복할 수 있고 성공할 수 있기 때문이다. 같은 동전도 앞면을 보는 사람이 있고 뒷면을 보는 사람이 있다. 또 유리컵에 채워진 반잔의 물을 보며 '반밖에 안 남았네' 하며 아쉬워하는 사람과 '반이나 남았네' 하며 감사하는 사람이 있다.

자녀의 열린 사고를 키워 준다고 창의력 학원을 보내며 인위적으로 습득하게 하려는 부모들이 많다. 그러나 열린 사고와 긍정적인 마인드는 인위적으로 배우며 얻을 수 있는 것이 아니다.

오늘부터 아이에게 '감사합니다', '고맙습니다', '좋습니다', '맛있습니다', '사랑합니다' 등 긍정적인 표현을 하도록 하자. '안 좋아' 라는 표현을 '조금 아쉬워' 라고 쓰거나 '왕 짜증나' 라는 표현을 '많이 아쉬웠어' 라고 바꿔 쓰도록 지도한다면 부정적이고 거친 말보다는 긍정적이고 부드러운 말을 습관적으로 사용하게 될 것이다. 아울러 마음가짐과 사고방식 또한 긍정적이고 융통성 있는 사람으로 자라날 것이다.

남의 말을 가로 챈다

"학교에서 집으로 오는 길에…."

"민우야, 점심 뭐 먹을래?"

상대가 말을 하고 있는데 중간에 말을 끊는 사람들이 많다. 특히 아이의 말을 엄마가 끊는 경우가 있다. 이는 아주 기본적인 말하기 매너에 어긋나는 행동이다. 상대의 나이나 지위에 관계없이 다른 사람이 이야기할 때는 귀를 기울여 끝까지 들어주는 것이 커뮤니케이션의 기본 법칙이다. 커뮤니케이션은 너와 나의 의미 공유이기 때문이다. 그러기 위해서는 상대방의 이야기를 잘 듣고 거기에 맞는 반응을 해 주어야 한다.

실제로 다른 사람의 말을 끝까지 다 듣기도 전에 내가 할 말을 놓칠까 봐, 상대의 이야기를 끝까지 듣기가 지겨워 중간에 끊거나 혼자 정리해 마무리하는 경우가 많다. 남의 말을 잘 들어 주는 말하기 매너와, 수준이 있는 사람이라면 당연히 말을 잘 할 수밖에 없다. 이렇게 상대의 말을 중간에 가로채기, 상대가 말하고 있는 데 그냥 끊어 버리고 자신이 정리해서 결론 내기, 말을 천천히 중음 톤으로 침착하게 하기, 다른 사람이 이야기할 때는 시선을 화자에게 고정시키기, 말하면서 눈동자 돌리지 않기 등 말에도 매너가 있고 수준이 있다.

이와 더불어 늘 지시하는 듯 한 말투도 나쁜 습관이다. 아이에게 "TV 그만 보고 나가서 콩나물 사 와. 얼른!"이라고 늘 명령조로 이야기하고 있지는 않은가? 자녀 또한 "빨리 용돈 줘. 나 오늘 체육 들었으니까 체육복과 얼음 물 준비해"라고 엄마한테 지시하듯 명령조로 말하지는 않는가?

말이란 마음의 표현이다. 자녀가 늘 엄마에게 명령조로 '~~해 놔' 라는 식으로 이야기하면 아이는 고마운 부모님이 아닌 다 해 주는 일꾼으로 생각해 버릴 수 있다. 상대에게 말을 하기 전 다시 한 번 생각하고 말하고, 상대의 마음과 감정을 늘 헤아려 말한다면 어느 순간 내가 상대를 진심으로 배려하고 있다는 것을 느낄 수 있다.

말은 사고와 마음을 지배한다. 사고와 마음의 표현 수단으

로 말이 이용되기도 하지만, 말을 하면서 우리 마음이 결정되

고 사고가 형성되는 경우도 많음을 잊지 말자.

7 높임말의 올바른 사용

“고객님 휴대폰이 터지시지 않으시던데요. 그래서 음성 남겼습니다.”

이 문장을 보며 맞는 말이라고 생각하는 사람이 있다면, 역시 높임말 사용에 문제가 있는 것이다. “휴대폰이 터지지 않으시던데요” 라는 말은 주어인 휴대폰을 높이는 말이다. 판매 사원이 휴대폰 주인을 높이려고 했던 것임을 이해는 하지만, 우리 주위에서 이렇게 잘못된 높임말을 사용하는 경우가 참 많다. 어린이들 가운데도 “내가 드린 선물이에요. 내가 직접 만들었습니다"같이 주어는 그냥 두고 문장 서술어 부분만 높이는 잘못된 존댓말을 쓰는 경우가 많다. 그러나 더 큰 문제는 이것이 잘못된 표현인지조차 모른다는 것이다.

자기 의사를 표현할 일이 많아지면 존댓말 사용이나 존칭의 문제가 점점 부각되어 나타난다. 아무리 실력 있는 전문가라도 기본 말하기, 특히 높임말 사용 능력에 문제가 있으면 신뢰도가 떨어진다. 올바른 높임말과 존칭이 말하는 사람의 품격과 수준을 드러낸다. 그래서 외국에서도 상류층 사람들이 쓰는 품격 있는 말(고급 영어)과 하류층 사람들이 쓰는 말이 구분되어 있는 것이다.

올바른 높임말 사용과 예의바른 표현, 상대의 마음을 헤아리는 말하기는 품격 있는 말하기로 인정받으며 빛을 발한다. 자녀가 품격 있는 고상한 사람으로 성장하길 바란다면 올바른 높임말과 존칭은 중요한 것이다. 아이가 주어와 서술어의 존칭을 일치시키지 못하고 혼동한다면 아이가 잘 이해할 수 있도록 설명해 주자.

이러한 올바른 높임말 사용은 아이가 말을 배우기 시작하면서부터 교육하는 것이 좋다. 잘못된 표현임을 알면서도 어 릴 적부터 사용하던 습관 때문에 쉽게 못 고치는 사람들이 많 기 때문이다. 그러므로 말을 시작하여 '~해 주세요'라고 말 할 때부터 존댓말을 쓰도록 지도한다. 반말이 더 친근하게 느 껴진다는 사람들도 있지만 높임말을 사용하면 자녀는 부모님 이 윗사람이라는 것을 인식하고 예의 바르게 행동할 수 있다. 높임말을 쓰다 보면 조르거나 떼를 써도 어느 선 이상은 넘지 않게 된다. 아무리 친밀한 관계더라도 지킬 것은 지키는 필요 함을 자녀에게 가르쳐야 한다. 엄마는 아기가 완전히 말을 습 득할 때까지 먼저 높임말을 사용하는 것도 좋다. 무의식적으 로 들은 엄마의 높임말이 아이에게 전달되어, 높임말을 사용 에 거부감이 없어진다.

문법과 공식을 주로 가르치는 주입식 교육의 우리와 달리 선진국은 '말하기'를 중심으로 가르친다. 단순한 지식의 암기보다는 창조하고 생각하는 공부를 시키는 것이다. 수학 공식을 암기해 일방적으로 문제를 푸는 것이 아니라, 자료 조사를 통해 단원이나 도형에 대하여 친구들 앞에서 설명을 하는 식이다. 천편일률적이고 단편적 지식을 주입시키기 보다는, 스스로 문제를 판단하고 종합해 해결하는 능력을 길러주는 데 중심을 두고 있는 것이다.

미국 아이들의 숙제는 '나무를 보면 어떤 생각이 나는가?'

라는 식이다. 이는 나무에 대한 기본적인 자료를 찾아보게 함은 물론, 아이들의 엉뚱한 상상력과 지적 호기심을 접목시키기에 충분하다. 수업은 아이들이 발표한 내용과, 석학들이 발견해 놓은 이론을 접목 시키도록 선생님이 유도하는 식으로 진행된다. 미국의 명문 사립학교인 '필립스 엑시터 아카데미'의 타일러 틴글리 교장의 말은 토론식 교육의 중요성을 대변해 주고 있다. "우리 학교의 모든 수업이 대화 및 토론으로 진행되고 있다. 교사가 강의하고 학생은 의자에 앉아 듣는 식의 교육은 글로벌 시대에 맞지 않는다. 자신의 의사를 정확하게 전달할 줄 아는 능력을 키우는 게 중요하다."

프랑스의 초등학교는 영어, 컴퓨터가 아닌 철학과 문학적 가치를 가르친다. '능력 좋고 부자지만 일이 바빠 놀아 주지 못하는 아빠와, 경제적으로 풍족하진 않지만 인자하고 자신을 잘 이해해주는 아빠 중 어느 쪽이 더 좋은가, 좋은 이유는 무엇인가' 하는 주제를 놓고 토론하는 수업을 한다. 아이들에게 부모의 존재를 생각하게 함은 물론, 친구들과의 대화를 통해 그릇된 자신의 생각을 고치는 계기가 되기도 한다.

각 나라마다 차이는 있지만 주제를 받으면 보통 아이들은 서너 명씩 그룹을 만든다. 그리고 자료 수집, 문서 만들기, 발표하기의 역할을 정한다. 이때, 자신에게 유리한 역할을 맡기 위해 작은 무리 안에서 '협상' 이라는 것이 이루어지기 시작한다. 이 과정에서 원치 않는 역할을 맡았다고 실망하는 아이는 별로 없다. 그룹안의 역할은 매번 변화되어, 누구나 발표를 할 수 있기 때문이다. 발표를 맡은 아이가 크고 바르게 자신들의 의견을 전달해야 그 그룹이 높은 점수를 받는다. 따라서 아이들은 미리 발표 연습을 하며 말의 빠르기와 발음, 호흡 등을 서로 교정해 준다. 놀라운 사실은 이런 교육이 초등학교 때부터 이루어진다는 것이다.

이런 토론식 수업을 통해 아이들은 깊이 있고 새로운 지식을 얻는다. 뿐만 아니라, 토론에 참여하기 위해 스스로 공부하는 자기 주도적 학습을 하게 된다. 선진국에서는 선생님의 일방적인 주입식 교육, 아이들의 소극적인 학습태도를 묵인하지 않는다. 우리나라 국·영·수 만큼 중요하게 생각하는 것이 바로 아이들의 발표와 답변이기 때문이다. 각각의 차이는 있지만 선생님에 따라 시험의 40% 이상을 발표와 토론으로 하는 경우도 있다. 이렇게 어릴 때부터 토론 문화에 노출된 아이들은 자신도 모르게 말하기 기술을 쌓아가게 된다. 이들이 '말하기 교육'을 중요시하는 이유는 간단하다. 말을 잘하면 받아들인 정보를 쉽고 간단하게 정리할 수 있고, 자신의 지식을 타인과 쉽게 공유할 수 있기 때문이다. 서로 다른 입장을 받아들일 수 있는 넓은 의미의 '말하기'를 중요시 한다는 것이다.

우리나라는 일방적인 선생님의 주입식 교육으로 수업이 진행된다. 이는 학생들을 수동적이거나 소극적으로 만들어 자발적 참여를 원천 봉쇄한다. 이런 방식은 논리적이고 체계적인 지식을 습득할 수 있는 방법이기 때문에, 정보 전달의 목적이 있는 수업에는 적당하다. 하지만 개개인의 학습능력과 상관없이 수업이 진행되기 때문에 학생의 이해도를 파악하기 어렵다.

앞에서 이야기 했듯이, 선진국은 토론 중심으로 수업이 진행된다. 이것은 학생들의 적극적인 참여 없이는 불가능하다. 학생과 교사, 토론을 준비하는 아이들의 상호작용을 통한 커뮤니케이션으로 수업이 이루어지는 것이다. 학생들은 의견 교환을 통해 사회적 기능 및 태도를 향상시킨다. 따라서 과학적, 체계적 사고뿐만 아니라 창의력과 문제 해결 능력을 동시에 기를 수 있다. 선생님과 학생의 끊임없는 대화로 개개인의 수업 이해도를 지속적으로 점검 할 수 있는 장점도 있다.

21세기는 '말'의 시대다. 누차 강조하지 않아도 말의 중요성이 커지고 있는 실정이다. 초등학생 때부터 대입이나 논술

걱정을 하면서, 살아가는 데 가장 중요한 '커뮤니케이션 능력'을 공부하지 않는 이유는 무엇일까. 조기유학을 통해 외국어 공부를 생각하기 전에, 우리말을 제대로 듣고, 말하고, 표현하는 능력을 길러주어야 한다. 우리말을 잘 하는 아이가, 외국어도 잘한다.

생활 속의 쉽고 재미있는
논리적 말하기

3

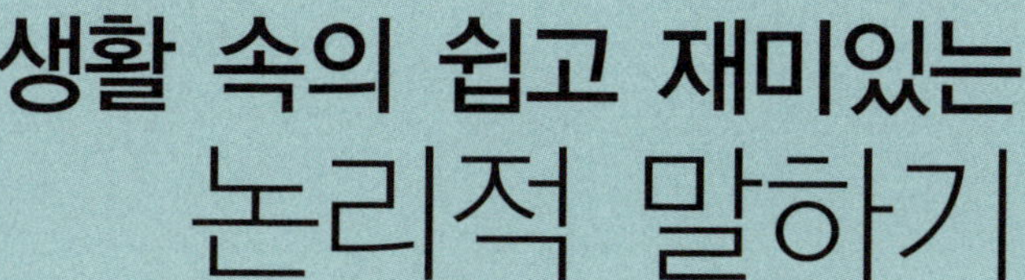

1 책, 신문, 전단지 등 인쇄물을 이용한 놀이 방법

국어사전은 공부만 하라고 있는 것이 아니다. 국어사전도 훌륭한 놀이 거리가 될 수 있다. 이것은 두 명 보다는 세 명 이상일 때 더 재미있다. 이 놀이는 TV의 모 프로그램에서도 방영하고 있어 쉽게 따라할 수 있다. 놀이의 방법을 구체적으로 설명하면 네 명 중 한 명이 국어사전을 보고 친구들이 모를 것 같은 단어를 이야기하며 뜻을 맞추는 것이다. 웃긴 단어나 예쁜 소리가 나는 단어를 문제로 내면 맞추는 사람도 신이 날 것이다.

단어의 뜻을 서로 물어보고 맞추면서 손목 맞기라든가 안마해

주기 등의 가벼운 벌칙을 정해 둔다. 또 이미 알고 있는 단어라도 국어사전의 다양한 뜻을 살펴보는 것도 좋다. 친구와 나, 이렇게 단 둘이라면 특정 단어를 빨리 찾는 놀이를 한다. 만약 고구마를 먹고 있었다면, 〈고·구·마〉라는 단어를 누가 먼저 찾는지 시합하는 것이다. 의외로 〈고·구·마〉라는 단어를 찾으면서 그 부근에 있는 〈구〉나 〈고〉로 시작하는 단어들을 보며 자신도 모르게 어휘력이 늘어날 수 있다.

아이가 아파 약국이나 병원에 가야한다면, 병의 증상이나 통증을 아이가 직접 이야기하도록 한다. 흔히 의사 선생님의 질문에 엄마가 대신 답변해 주는 경우가 많다. 하지만 아픈 정도나 느낌, 사건의 정황 등은 아이가 직접 표현하고 이야기할 수 있어야 한다.

또한 단순히 '아파요'가 아닌 "머리가 콕콕 쑤시고 한 번씩 머리에 번개가 치듯 꽝꽝 통증이 와요"라고 구체적으로 말하도록 해야 한다. 역시 "발을 다쳤어요"보다는 "발목이 많이 아파요. 어제 친구들과 축구를 하다가 날아오는 공을 발목으로 찼는데 시간이 흐를수록 더 많이 아파요"라고 구체적으로 이야기하도록 한다. 물건의 AS 등을 맡길 때도 가급적 아이에게 설명할 기회를 주는 것이 좋다. 구체적으로 그 물건의 고장난 정황과 어떤 해결책을 원하는지 조리 있게 말 하도록 일상에서 연습을 시키는 것이다. 이렇게 아이에게 기회를 주다보면 논리적으로 정리해서 말하는 능력이 키워질 것이다.

신문과 함께 배달되어 오는 전단지도 아이들에게 최고의 교재다. 치킨 전단지 속 사진을 보며 주며 "이 사진 속 닭이 어떠니?"라고 물어본다. 혹시 아이가 맛이 없어 보인다고 하면 그 구체적인 이유를 말하게 한다. "닭이 너무 말라보여요. 닭이 통통하면 더 맛있어 보일 것 같아요"식의 대답이 나왔다면 전단지 공부는 성공한 셈이다. 그림이나 사진을 보고 문제점을 찾고 해결점을 말하는 것은 논리적 사고와 말하기에 큰 도움이 된다. 또한 아이가 좋아하는 과자나 음료수의 포장을 보여주며 색깔과 모양 등 디자인에 대해 이야기해 보도록 한다. 아이가 외형에 대해 이야기를 했다면 속 내용물의 색깔과 모양에 대한 의견도 구한다.

“이 과자는 포장이 빨간색이라 다른 과자에 비해 눈에 쉽게 들어오고 내용물도 맛있을 것 같아요. 또 봉지에 그려진 과자 그림이 정말 먹음직스럽게 생겼어요. 여기 보세요. 과자 위에 발라진 꿀이 반짝거려서 달콤해 보여요.”

“과자 상자가 제가 좋아하는 분홍색이라서 많은 과자들 중 눈에 가장 먼저 들어왔어요. 특히 과자마다 귀여운 동물이 그려져 있는 것도 맘에 들고, 이름도 귀여워서 맛있는 느낌이 나요. 또 과자를 먹다 남으면 상자에 부어 뚜껑을 닫고 보관하면 좋을 것 같아요. 크기도 적당해서 집어 먹기가 편해요. 손에도 묻지 않아 피아노를 치면서, 컴퓨터 게임을 하면서도 언제든지 먹을 수 있어요. 한입 베어 물면 과자 안에 들어 있는 달콤한 초코 크림이 입안으로 흘러나와서 정말 맛있어요.”

이 말들은 실제 아이들이 논리적 사고를 통해서 이야기한 내용이다. 앞에서도 강조했지만 어린 시절의 다양한 경험을 통한 깊은 사고력은 어른이 되어서도 도움이 된다.

신문은 아이의 논리적 사고와 말하기 능력을 키우는 훌륭한 학습 자료다. 아이에게 필요한 것을 스크랩하여 크게 소리 내어 읽게 한다. 아이가 읽는 것을 들으며 목소리 크기, 속도, 발음 등을 바로잡는 스피치 훈련도 병행한다. 다음으로 아이에게 읽은 내용을 요약해서 말하게 한다. 아무 생각 없이 읽었다면 내용을 생각하며 다시 읽도록 지도한다. 아이가 두 명 이상이라면 다른 사람 말을 경청하는 훈련도 겸할 수 있다. 남의 말을 잘 듣는 것 역시 논리적 말하기를 위한 훈련이다. 그 다음 느낀 점을 말하게 하고, 상황을 바꾸어 생각해 보거나 자신의 입장에서 이야기해 보도록 한다.

기사 하나를 선정해서 스크랩을 하고 아이가 읽기 쉽도록 형광펜 같은 것으로 표시해 준다. 기사를 눈으로 읽게 한다. 어떤 내용인지 이해는 했는지 물어보고, 큰 목소리로 또박또박 읽게 한다. 아이가 읽는 훈련이 부족하거나 나이가 어려 글을 읽지 못하거나 혹은 내용의 흐름과 관계없이 끊어 읽을 경우에는 엄마가 내용에 맞게 천천히 읽어 주고 한 줄씩 따라 읽게 한다. 다 읽은 후에는 신문 기사 작성 원칙인 육하원칙(언제, 어디서, 누가, 무엇을, 왜, 어떻게)에 의거하여 아이에게 하나씩 물어본다. 아이가 고학년이라면 기사에서 가장 중요한 문장이 무엇인지 찾아보라고 하는 것도 좋다.

혹시 아이가 신문을 몇 번씩 읽고서도 내용을 이해하지 못한다면 쉽게 알 수 있도록 엄마가 내용을 정리하여 이야기해 준다. 끝으로 기사를 읽고 느낀 점과 해결책은 무엇인지 함께 이야기를 나눠 본다.

『신데렐라』, 『헨젤과 그레텔』 등 아이들이 좋아하는 기존의 동화 내용을 바꿔 생각해 보게 한다. 가령 '신데렐라가 부자였다면?', '백설 공주가 독이 든 사과를 먹지 않았다면?' 등 내용을 바꿔 이야기해 보면 상상력과 사고력을 기르는 동시에 순발력과 재치 있는 말하기를 할 수 있다. 또 아이에게 상황이나 결과가 바뀌었으면 어땠을지 상상하도록 한다. '네가 옆 집 수빈이 같이 외동딸이었다면 어땠을까?' 라든가 '엄마가 지금처럼 집에 있지 않고 다른 밖에 나가서 일을 한다면 우리 집 생활은 어떻게 달라질까?' 와 같은 식으로 말이다.

드라마를 보거나 동화책을 읽을 때 또는 어떠한 상황에 대해서, 아이에게 입장을 바꿔 생각해 보게 한다. '네가 저 아이라면

어떻게 하겠니?', '네가 슈퍼 아줌마라면 어떻게 하겠니?'

『장발장』 같은 이야기를 들려주며 '네가 장발장이라면 빵을 훔치겠니?', '네가 빵집 주인이라면 어떻겠니?' 등의 질문을 던져 다른 사람의 입장을 이해할 수 있는 기회로 삼는다. 특히 '대화체가 많은' 동화책이나 교과서 희곡을 보며 엄마와 아이, 또는 형제·자매끼리 각각 역할을 맡아 역할극을 해 보자. 다양한 역할에 몰입하다 보면 상대방의 입장을 헤아릴 수 있는 마음을 갖는다.

논리적으로 말하기는 상대방의 마음을 헤아리고 상대의 입장에서 이야기를 들을 수 있는 위치에 있을 때 가능하다. 결국 다른 사람들에게 자신의 논리를 펼치며 그들을 설득시키는 것이 논리적 말하기의 목적 중 하나이기 때문이다.

아이들에게 그림을 보고 이야기를 만들어 보라고 하면 대부분 못 한다고 고개를 흔든다. 그러나 먼저 그림에 대한 상황을 간단하게 설명해 주고, 보고 느낀 점을 이야기해 보도록 하면 누구나 곧 재미있어한다. 또 글을 모르거나 읽기 어려워하는 아이들에게는 그림 이야기는 흥미로운 말하기 공부로 여겨진다. 그림을 보고 이야기를 꾸며서 재미있게 들려주는 놀이를 하면서 아이들의 표현력을 키울 수 있다.

이런 놀이에는 명작의 그림들이 필요한 것이 아니다. 엄마가 즉석에서 메모지에 연필로 네다섯 개의 그림을 그려도 된다. 예를 들어 큰 사과나무와 그 나무를 바라보는 소년, 사과가 먹고 싶은 소년과 너무 높이 매달려 있는 사과, 실망한 소년의 찡그린 얼굴, 사과나무를 흔드는 소년, 사과를 손에 들고 웃고 있는 소년과 같은 그림을 그리고 아이에게 이야기로 만들게 한다. 혹시 집에 그림 동화책이 있다면 그림만 보고 재미있는 이야기를 만들게 하는 것도 좋은 방법이다.

한 권쯤 갖고 있을 논술 문제집을 펴고 기존의 '쓰기 문제'를 모두 말하기로 바꿔 본다. 의외로 아이들이 쓰는 것은 힘들어하는 데 비해, 말로는 쉽게 풀어내는 것을 볼 수 있을 것이다. 이는 아이들이 쓰기보다 말하는 것을 더 쉽고 재미있게 생각하기 때문이다.

사실 우리가 태어나서 글을 쓰기 전에 말을 먼저 익히듯이, 논리적으로 글쓰기(논술)보다 논리적으로 말하는 훈련을 먼저 하는

것이 쉽고 효과적이다. 이처럼 기존 논술 문제들을 말로 바꿔 답

하다 보면 글쓰기에 대한 부담을 줄일 수 있고 작문이 수월해 짐

을 느낄 것이다.

현장 스케치

아이에게 현장 리포터를 시켜 보면 재미있어 한다. 가족끼리 청계천에 놀러 갔다면 현장 느낌을 살려 주위 상황과 자신의 느낌을 말로 표현해 보도록 하는 것이다.

"저는 지금 서울 도심 한가운데 흐르고 있는 청계천에 나와 있습니다. 답답한 도심 속에서 청계천을 바라보니 가슴이 시원합니다."

이런 연습은 순발력과 창의력, 상황 판단력에 도움이 된다. 배운 것을 말로 설명하는 훈련은 가장 좋은 말하기 훈련 중의 하나다. 참고서나 교과서를 소리 내어 읽고 말하는 투로 바꾸어서 여러 번 읽다 보면 친구들 앞에서 자기가 배운 내용을 잘 설명할 수 있게 된다.

자기가 알고 있는 내용을 중얼거리며 말하기 연습을 하다 보면 재미있게 공부도 할 수 있고 기억도 오래 남는다. 학과목을 말로 설명하는 것이야말로 가장 좋은 말하기 방법이다. 이런 연습을 꾸준히 해 두면 자신이 잘하는 과목을 친구들에게 가르쳐 줄 수 있고, 다른 과목을 잘하는 친구들과 모여서 함께 공부할 수도 있다. 이는 당연히 되면 성적 향상에 도움이 된다.

작사로 어휘력을 풍부하게

맛있는 음식을 먹을 때, 향기로운 꽃을 볼 때 그 느낌을 노래로 부른다. 음정이나 박자는 무시하고 상황에 맞는, 그리고 현재의 자신의 기분과 느낌을 가장 잘 표현할 수 있는 노랫말을 만들어 불러 본다. 우리는 살면서 어떤 상황이나 현상 등을 보고 말로 표현해야 할 때가 많다. 기존에 알고 있던 멜로디에 자신이 보고 느끼는 것을 가사로 만들어 불러 보면 표현하는 것에 익숙해질 수 있다.

"손이 가요. 손이 가. 파래무침에 손이 가요~. 아빠 손, 동생 손~~."

TV 드라마를 볼 때 드라마 속 인물을 가리키며 '저 사람은 어떤 역할이니?', '사람들이 왜 싫어하니?' 등의 질문을 던져 아이가 알고 있는 상황이나 인물에 대해 말해 보도록 한다. 또 악역 캐릭터가 나오면 '저렇게 행동하면 사람들이 왜 싫어하니?' 라고 유도하여 아이가 자신의 생각과 의견을 말하게 한다. 이런 습관에 익숙해지면 논리적으로 자신의 의견을 말하는 똑똑한 아이가 될 수 있다.

TV 광고 100% 이용하기

짧은 시간 안에 자신이 가진 상품의 가치를 가장 잘 보여주는 것이 TV 광고이다. TV 광고를 조금만 유심히 보면, 여러 가지 커뮤니케이션 기법들을 찾을 수 있다. 특히 광고 카피나 광고 음악, 모델 등은 그 상품의 이미지를 뒷받침 해주기도 한다.

인간의 커뮤니케이션 역시 논리적 말하기와 더불어 여러 이미지들이 함께 결합되어 이루어진다. 그러므로 논리적 말하기가 제대로 빛을 발하기 위해서는, 말 할 때의 의상이나 배경 음악 등 시청각적으로도 충족이 되어야 한다. '이 광고에서는 왜 모델이 이런 표정을 지었을까', '광고 배경음악이 왜 시끄러울까' 등 광고에 대해 비평하고 표현방식에 대해 이야기하다보면 논리적 말하기 능력과 자신을 매력적으로 표현할 수 있는 커뮤니케이션 PR 능력도 얻을 수 있다.

우리나라의 외국 음식점에 갔을 때, 흘러나오는 각 나라의 전통 음악과 종업원들의 전통 의상을 보면, 그 음식이 더 이국적이고 맛있게 느껴지는 이유와 같은 것이다.

느낀 점 발표하기

어떤 그림이나 사진을 볼 때 또는 음악을 듣거나 영화를 볼 때(모든 시청각 매체를 접할 때) 반드시 느낀 점을 이야기한다. 그냥 생각만 하는 것과 그 생각을 다시 말로 해 보는 것은 하늘과 땅 차이다. 음악이 지루했다면 왜 그 음악이 지루했는지 말해 보자. 또 시가 어려웠다면, 그림이 우스웠다면 왜 그렇게 느꼈는지 그 이유를 명확하게 설명해 보도록 한다.

인터뷰어 되기

마이크 같은 것을 들고 친구나 가족들을 인터뷰하는 놀이를 해 본다. 마이크로는 숟가락도 좋고 지우개를 꽂은 연필도 좋다. '어머니, 요즘 과일 중에 뭐가 제일 맛있나요?', '그 아이스크림은 맛이 어떤가요?' 같이 상황에 맞는, 그리고 인물에게 맞는 질문을 찾아 물어본다. 대답에 맞는 꼬리 질문을 하다 보면 순발력과 상황 판단력, 논리적 사고를 기를 수 있다. 더불어 또박또박 이야기하는 훈련도 되며 자신감도 가질 수 있다.

이야기 잇기 놀이

먼저 한 사람이 한 줄씩 이야기를 만들어 나간다. 앞 사람의 이야기를 듣고 그에 맞춰 뒤의 이야기를 꾸며 나가는 식이다. 앞 사람의 이야기를 듣지 않으면 전체 흐름에 맞는 이야기를 만들 수 없으므로, 남의 이야기를 잘 듣지 않고 자기 이야기만 하는 아이에게 필요한 훈련이다. 논리적으로 말하기 위해선 상대방의 이야기를 잘 들어야만 한다. 상황에 맞지 않는 엉뚱한 이야기를 자주 하는 아이들은 이런 훈련을 반복하면 상황 판단력이 생길 수 있다. '어느 마을에 욕심 많은 부자가 살고 있었습니다' 라고 이야기 도입 부분을 엄마가 만들고, 아이에게 계속 이어 가보자. 생각보다 훨씬 재미있는 기발한 내용이 될 것이다.

브레인 스토밍 방식(Web) 말하기

원래 브레인스토밍이란, 여러 명이 모여 주어진 주제에 대해 각자가 생각한 것을 자유롭게 발표하면서 문제 해결 방법을 찾는 것이다. 그러나 혼자서도 재미있게 할 수 있는 공부이므로 적극 권장하고 싶다.

〈기억에 남는 영화〉라는 테마로 이야기를 한다면, 우선 영화가 갖고 있는 여러 가지 특성들을 생각해보는 것이다. 영화 제목, 영화감독, 영화 줄거리, 영화 속 배경, 기억에 남는 영화 속 소품, 영화 음악, 특수 효과, 음향 효과, 주인공, 누구랑 어디서 봤는지 영화를 감상한 때와 장소, 영화를 보게 된 계기(동기), 기억에 남는 대사 등이다. 이런 Web(스토밍) 방식으로 생각의 줄기를 뻗어나가면 기억에 남는 영화와 기억에 남는 이유는 어려움 없이 찾을 수 있다. 막연히 '내가 기억에 남는 영화가 뭐지?' '이 영화가 왜 기억나는 거지?' 라고 생각하다 보면 순간적으로 막막할 수 있다.

그러므로 이렇게 말하기 주제에 대해 브레인 맵(두뇌 지도)을 먼저 그리고 주제가 지닌 특성들을 스토밍 방식으로 이어나가는 것이 효과적이다.

엄마와 자녀, 언니와 동생, 친구 둘 이상이면 모두 가능하다. 먼저 주제를 정하고 각자가 주제에 대한 브레인 맵(생각의 지도)을 그린 후 주제가 갖고 있는 특성을 하나씩 이어 나간다. 이렇게 하다 보면 생각의 폭을 넓히고 어떤 식으로 이야기를 풀어나가면 되는지 노하우를 얻을 수 있다.

물건에 새 이름 지어 주기

나라마다, 문화마다 똑같은 물건이나 사람을 부르는 이름이 다르듯 매일 보는 물건이나 매일 먹는 음식의 이름을 새롭게 바꿔 보면 어떨까? 물건이나 장소에 새 이름을 지어 주려면 그것을 자세히 분석하고 특징을 꼬집어 내야 하기 때문에 관찰력과 사물을 분석하는 훈련을 할 수 있다. 또 자신이 이용하는 용도에 맞게 이름을 붙여야 하기 때문에 제대로 사용하고 있는지 다시금 생각해 볼 수 있다.

여름에 우리가 많이 사용하는 '에어컨'만 해도 '아이스컨', '공기컨', '슈퍼컨', '시원컨', '얼음컨', '아이스크림컨', '얼음돌이' 등 여러 가지 새로운 이름이 나올 수 있다.

개사하기

동요는 다른 노래들에 비해 꿈과 희망을 주는 예쁜 단어와 표현들이 가득하다. 같은 구름이나 새싹도 '뭉게뭉게 파아란 구름' '파릇파릇 돋아난 새싹' 등 생동감 있게 표현한다. 일상에서 자주 쓰는 말이 아닌, 예쁜 표현들도 많이 배울 수 있다. 그러므로 동요를 많이 듣고 부르게 하면 어휘력과 표현력에 도움이 많이 된다. 〈MBC창작 동요대회 모음곡〉 이나 〈사랑받는 인기 동요 모음곡〉 등을 추천한다. 여기에 나오는 노래들의 가사는 아이들 정서에도 도움이 된다. 이동 중인 차 안에서 예쁜 가사로 이루어진 동요를 즐겨 듣다보면 자녀와 엄마 모두가 기분이 좋아진다. 또 동요 가사에 대해 엄마와 자녀가 즐겁게 이야기할 수도 있다. 〈아빠와 크레파스〉라는 노래를 들으며 '정말 크레파스 병정들이 있었다면'이란 상상을 해 볼 수도 있고, 〈파란 나라〉를 들으며 파란 나라가 어떤 나라일지 엄마와 의논해 봐도 좋을 것이다.

아울러 아이에게 동요나 캐롤 등의 가사를 바꿔 부르게 하거나 멜로디에 맞는 가사를 지어보도록 하는 것도 좋다. 박자와 멜로디에 맞춰 작사를 하면 같은 의미의 말도 다양하게 표현하려고 노력하기 때문이다. '같은 말이 자꾸 반복되네, 가사는 좋은 데 이 멜로디에는 조금 어색하네' 등 개사를 하다보면 같은 표현이라도 각 멜로디에 어울리는 가사를 찾기 위한 어휘력 증가는 물론 논리적인 사고 또한 늘어난다. 또 기존 노래 가사를 다시 한 번 생각하고 분석해보면 판단력도 키울 수 있다.

가족회의

일요일 나들이를 계획할 때 장소부터 할 일, 식사 등 모든 과정을 가족회의를 통해 아이들과 토론으로 결정한다. 이런 과정을 통해 자신의 논리를 펼쳐 상대방을 설득하는 기술을 습득할 수 있다. 이렇게 하면 나만 옳다고 우기거나 맹목적으로 남의 의견을 따라가는 일이 없다. 부모의 일방적인 결정도 좋지 않지만 아이들의 요구를 무조건적으로 들어 주는 것도 바람직한 것은 아니다.

토론은 한 가지 사안에 대해 생각의 폭을 넓힐 수 있어 좀 더 논리적으로 사고하고 합리적인 정보를 토대로 자신의 입장을 표현하는 훈련의 장이 될 수 있다. 많은 토론을 통해 아이들은 자기 의사를 자연스럽고 당당하게 표현하는 힘을 키운다. 상대의 말을 집중해서 들어야 정확히 이해하고 자신의 논리를 펴 나갈 수 있다. 바쁜 아빠와 학원에서 늦게 오는 자녀 때문에 가족회의가 부담스럽다고 할지도 모르지만 그렇게 거창하게 생각할 필요는 없다. 아이에게 오늘 저녁에 무엇이 먹고 싶은지 저녁 메뉴를 물어본다. 그리고 '김밥!', '국!'이라는 단답형 대답 대신 구체적으로 먹고 싶은 이유를 이야기하게 한다. '엄마, 저는 오늘 김밥이 먹고 싶어요. 낮에 학교에서 부회장 수정이가 동생이 유치원 소풍 갔다며 김밥을 싸 왔는 데 참 맛있어 보였거든요' 또는 '어묵국이요. 오늘은 하루 종일 바람이 많이 불어서인지 맛있는 오뎅이 든 따뜻한 국물이 먹고 싶어요' 등의 대답이면 족하다.

단어로 이야기 만들기

하나의 단어를 보고 단어와 관련된 이야기를 만들어 본다. 아이의 상상력과 사고력을 키우는 데 효과적이다. 작은 상자 속에 여러 단어를 써 넣고 아이에게 한 단어를 뽑게 한 뒤 이때 나온 단어로 이야기를 만들게 한다. 이런 과정을 통해 논리적 사고력이 길러진다. '축구' 라는 단어를 꺼냈다면 좋아하는 축구 선수부터 월드컵 이야기, 친구들과 했던 축구 경기까지 어떤 이야기라도 나올 수 있다.

매일 밤 말로 일기 쓰기

하루에 있었던 일 중에서 가장 기억에 남는 일 하나를 육하원칙(언제, 어디서, 누가, 무엇을, 왜, 어떻게)에 의거하여 재미있게 말해 본다. 처음에는 신문 기사처럼 딱딱하게 들리겠지만 시간이 지남에 따라 육하원칙의 틀 안에서 재미있게 이야기를 만들어 낼 수 있게 된다.

"오늘 아침 학교 조회 시간에 전교생이 학교 운동장에서 월드컵 응원 춤 '꼭지점 댄스' 를 배웠습니다. 신나는 '오 필승 코리아' 음악에 맞춰 열심히 연습했는데 그 동작이 너무 재미있었습니다. 저뿐만 아니라 친구들과 선생님들도 모두 즐거워했습니다.

빨리 월드컵이 시작되어서 오늘 학교에서 배운 '꼭지점 댄스'를 추며 열심히 응원하고 싶습니다."

이렇게 말로 일기 쓰기를 자기 전에 5분씩만 꾸준히 해도 논리적으로 조리 있게 말하는 데 도움이 된다.

수수께끼 또는 끝말잇기

수수께끼나 스무고개 또는 끝말잇기를 하면 순발력과 표현력, 상상력을 키울 수 있다. 또한 생각하면서 말하는 좋은 훈련이 된다. 다른 사람들에게 힌트를 주기 위해서 아이는 말하는 것에 집중하고 자기가 알고 있는 모든 생각과 표현을 동원해서 상상의 날개를 편다. 또한 대답의 연관성을 따져 가며 논리적으로 생각하는 힘을 기르게 된다. 말하는 것이 재미있고 또 중요하다는 것을 생활 속에서 몸소 체험할 수도 있다. 가족이나 친구들을 모아 놓고 아이가 수수께끼를 내고 다른 사람들은 각자가 생각한 답을 말한다. 수수께끼를 낸 아이는 단서가 될 만한 실마리를 주기 위해 좀 더 다양한 생각들을 끄집어내게 된다. '그것은 먹을 수 있나요?’, ‘크기가 작은가요?’ 등 사물을 다른 것에 빗대어 말하기 위해 스스로 그 사물에 대한 생각의 폭을 넓혀 나가게 되는 것이다. 또한 수수께끼를 내면서 자연스럽게 다른 사람들에게 자신의 입장을 밝히는 연습을 하게 되고 다른 사람들을 이끌어가는 힘을 기르게 된다. 아이들은 답을 생각하면서 상상력을 키우고, 여러 가지 실마리를 종합해 답을 유추해 나가는 과정 속에서 이해력을 키운다.

다른 사람 설득하기

아이가 용돈을 올려 달라거나 만화책을 더 보게 해 달라거나 또는 컴퓨터 게임을 더 하고 싶다고 조를 때는 엄마를 논리적으로 설득해 보라고 한다. 그 자리에서 설득력을 표현하기 힘들어 한다면, 시간을 주면서 논리적으로 생각해 보고 정리해서 자신의 주장을 펼쳐 보라고 한다. 아이는 컴퓨터 게임을 더 하고 싶은 간절한 마음에 엄마를 설득할 논리적 근거를 열심히 찾을 것이며, 이것은 토론에서 자신의 논리로 다른 사람을 설득하는 훈련이 된다.

영상 편지 쓰기

휴대폰이나 캠코더를 가지고 영상 편지를 쓴다. 보고 싶은 할머니에게, 또는 새로 태어날 동생에게, 얼굴 볼 틈도 없을 만큼 바쁜 아빠에게 하고 싶은 이야기를 글이 아닌 말로 하는 것이다. 인형에게 또는 서툴지만 대상의 그림을 그려 놓고 이야기해도 좋다. 말로 편지를 쓰면 감정을 실어 전할 수 있고, 대상에게 친근하게 하고 싶은 이야기를 다 할 수 있다. "앞으로 태어날 내 동생아, 형은 네가 빨리 보고 싶어. 그동안 나 혼자 많이 외롭고 심심했는데 네가 세상에 나오면 난 너무나 기쁠 거야" 그 모습을 휴대폰이나 캠코더로 찍어서 그 사람에게 보내도 좋다.

삼행시, 사행시 짓기

아이가 심심해 할 때, 또는 가족끼리 모두 모여서 마땅히 할 일이 없을 때 가족의 이름이나 모두가 알고 있는 추억거리를 가지고 삼행시 또는 사행시를 지어 본다. 글자에 맞는 시를 지으며 어휘력도 늘고 생각하는 능력도 기를 수 있다. 또 재미있는 놀이까지 겸할 수 있다. 예를 들어 통일을 생각하며 사행시를 지어 볼 수도 있다.

이 : 이산가족의 슬픔을 아십니까.

산 : 산천도 이들의 슬픔에 눈물을 흘립니다.

가 : 가족과 헤어져 산지도

족 : 족히 50년은 넘었습니다.

이유 있는 말하기

'몰라', '그냥', '글쎄'로 대답하는 아이들이 많다. 이는 자신의 의견을 상대방에게 전달하지 못할뿐더러, 우유부단한 아이로 성장할 가능성이 크다. 따라서 의견이나 생각을 이야기할 때 반드시 그에 맞는 이유를 말하는 습관을 들이게 한다. 만약 아이가 반찬이 맛이 없다고 하면 왜 맛이 없는지 물어본다. 그냥 맛이 없다고 대답하면 그 반찬의 맛이 싫은 것인지 모양이 싫은 것인지, 아니면 씹는 느낌이 싫은 것인지를 구체적으로 말해 보도록 유도한다.

5 이야깃거리가 되는 소품을 활용한 놀이 방법

요리법 말로 풀어내기

자신이 알고 있는 것을 생각으로 가지고 있는 것 보다는, 입 밖으로 꺼내야 머릿속에 각인되어 자신의 말이 된다. 생각만 많고 말을 하지 않는다면 표현력을 기를 수 없다. 말에 생명력을 불어넣어 주는 노력이 필요한 것이다. 아이들이 좋아하는 과학 실험이나 요리 과정을 말해 보게 한다. 식사를 준비할 때 엄마의 요리 과정을 말로 풀어보는 것이다. 재료 준비부터 음식을 만드는 전 과정을 구체적으로 설명하게 하면 아이는 흥미롭게 말하기 공부를 할 수 있다. 또 이런 훈련을 통해 아이는 어떠한 상황이나 현상,

전개 과정을 자세히 전달하는 법을 익힐 수 있다. 먼저 어떤 요리를 만들지 정하고, 준비해야 할 재료, 만드는 방법을 차례대로 설명하도록 한다. 꼭 음식을 직접 만들지 않더라도 대화를 시도하는 것 자체에 의미를 둔다.

요리를 통해 말하기 연습을 하다보면 감정 표현이 풍부해지고 이야기를 풀어 가는 흐름을 익히게 되며 맛있는 요리를 통해서 재미있는 말을 생각해 낼 수 있다. 또 순서가 뒤바뀌거나 재료가 빠지면 안 되기 때문에 생각하며 이야기하는 능력도 쌓인다.

예를 들어 이야기하기

아이가 말을 할 때 가급적 예를 들어 그림을 그리듯 자세히 말하도록 한다. 아이가 대충 말하려 하면 "글쎄, 잘 모르겠는 데…. 자세히 좀 설명해 줄래?"라며 자세한 이야기를 유도한다. 엄마도 아이에게 어떤 이야기를 해 줄 때 눈앞에 그림이 그려질 만큼 자세히 구체적으로 설명해 주는 것이 좋다. 누군가를 설득하거나 자신의 논리를 펼칠 때도, 눈에 그려질 만큼 구체적으로 설명하고 적절한 예를 들면 그 효과는 배가 된다.

6 방송인 되어 보기

스포츠 캐스터 되기

운동을 좋아하는 아이들에게 효과적인 방법이다. 운동 경기를 보며 아이에게 스포츠 캐스터(진행자)를 시켜 본다. 아이에게 경기 상황을 말로 설명하게 하고, 상황에 맞는 정확한 말을 하게 함으로써 순발력과 표현력, 논리적으로 말하는 능력을 키우게 된다. 월드컵이나 올림픽 때를 적절하게 이용하는 것이 좋다. 아이가 관심과 재미를 느끼는 경기의 진행을 시키면 훨씬 흥미를 느끼며 재미있어한다. "네, 네, 우리의 박지성 선수가 골을 향해 달려갑니다. 과연 골을 넣을 수 있을까요? 조금 위험할 듯 싶은데. 아,

역시 안정환 선수에게 패스하는군요"라는 식으로 말이다.

교통 정보 리포터 되기

막히는 차 안에서 아이에게 교통방송의 상황 안내를 시켜 보자. 특히 교통 정보 안내는 논리적인 사고와 판단을 하여 정확하게 말하는 연습이 된다. '여기 성수대교는 꽉 막혀 있습니다. 네, 지금 서서히 교통 상황이 좋아지고 있습니다' 이와 같은 아이의 교통 정보를 듣고 있으면, 답답한 차 안의 공기를 즐겁게 바꾸고 아이의 논리적인 말하기 공부도 되어 일석이조이다.

쇼핑 호스트 되기

아이가 좋아하는 옷이나 아끼는 축구 공, 좋아하는 과자 등에 관해 소개를 하게 한다. 장점과 단점을 이야기하되 듣는 사람이 그 물건이 갖고 싶도록 매력적으로 말하라고 조언해 준다. 아이는 그 물건이나 음식에 관해 더 면밀히 관찰하여, 좋은 점을 찾아내려고 할 것이다. 또한 설명을 위해 여러 가지 말을 궁리하면 자연스럽게 어휘력도 향상 된다. 이는 자기 PR 시대인 현대 사회에서 꼭 필요한 경험이다. 어디서든 자기 자신을 소개하고 PR할 수 있는 밑바탕이 되기 때문이다.

사건 현장 기자되기

언제 어디서든 현장의 기자가 되어 육하원칙으로 이야기해 보도록 한다. 김장하는 날이라면 아이에게 기자가 되어 지금의 상황을 기사 형식으로 이야기해 보라고 한다. "2006년 11월 20일, 서울 서초동에 사는 김영숙 주부가 옆집 아줌마 두 분과 서초동 삼익 아파트 뒤뜰에서 김장을 하고 계십니다. 다음 주부터 본격적인 겨울 날씨를 보일 것이라는 날씨 예보에 따라 배추 100포기를 서초동 하나로 마트에서 구입해서 열심히 썰고 무치고 버무리며 김치를 담그고 계십니다"와 같은 형식으로 말이다.

가족들의 안내원 되기

유적지나 박물관에 갔을 때 그곳에서 보게 되는 유적이나 유물을 아이가 소개하도록 하는 것도 효과적이다. 유적이나 유물들에 관해 가족들보다 먼저 설명을 읽어 내용을 숙지한 후 자신의 생각과 함께 그 유적이나 유물에 관해 설명하는 것이다. 이는 유적에 대한 깊은 관심은 물론, 오랫동안 기억하게 되어 자연스러운 역사 공부까지 할 수 있다.

모의재판

하나의 사건을 두고 각각 변호사, 검사, 판사, 피의자, 가해자가 되어 모의재판을 해 본다. 역할은 서로 돌아가며 바꿔 본다. 책에서 나온 내용이나 영화나 만화에서 나온 황당한 이야기나 사건을 다뤄 보는 것도 좋다. 각각의 입장에서 하나의 같은 사건이 얼마나 다르게 느껴지는지 쉽게 이해할 수 있게 된다. 또 자신을 변호하며 다른 사람에게 설득을 구하는 연습을 할 수 있다. 더불어 다른 사람의 입장을 이해하는 데 익숙해진다.

라디오 DJ 되기

집에 녹음기가 있다면 직접 라디오 진행자가 되어 보는 것도 논리적으로 말하는 데 도움이 된다. 교과서나 어린이 잡지 등의 질문과 답을 선생님과 학생으로 목소리를 바꿔 가며 번갈아 읽는다.

"전국에 계신 초등학생 여러분, 안녕하세요. 저는 여러분의 공부 도우미 ○○○입니다. 오늘은 초등학교 4학년 읽기 교과서 78페이지를 배우겠습니다. 오늘 우리 공부를 도와주실 분은 ○○○ 선생님과 ○○○어린이입니다. 그럼 공부를 시작하겠습니다."

그리고 책의 지문과 문제를 읽고 답도 푼다. 이렇게 혼자 라디오를 진행하는 것이다. 중간에 잠시 쉬고 싶으면 "좋은 음악을 들려 드리겠습니다"라고 말한 뒤 자신이 좋아하는 음악을 틀어 짧게 녹음해 봐도 재미있을 것이다. 이러한 라디오 DJ 놀이는 정확한 발음, 좋은 목소리로 조리 있게 이야기 할 수 있게 해 준다.

대화는 상대방과 생각과 마음을 교환하는 것이다. 청산유수의 달변으로 자신의 지식이나 재치를 뽐내는 것이 아니라, 진실된 마음으로 자신을 내보이는 것이다. 그러기 위해서는 자세를 바르게 갖추는 것이 중요하다. 말을 함부로 하여 상대방을 불쾌하게 만드는 사람이 많다. 그것은 성격의 탓도 있지만, 생각 없이 말하는 버릇에서 비롯된 경우가 많다. 아이가 그런 경향이 있다면 하루 빨리, 말하기 전에 생각하는 습관을 길러주어야 한다. 교정으로 얼마든지 고칠 수 있는 말실수를 부모의 무관심으로 방치되는 것은 안타까운 일이다. 또한 자신의 생각만 옳다고 생각하고 자기의 주장만 내세우는 태도도 바로 잡아 주어야 한다. 상대방의 말을 끝까지 들어주고, 상대가 말 할 기회를 주도록 가르친다. 대화는 일방통행이 아닌 상호교류이기 때문이다. 타인의 말에 귀를 기울이고, 좋은 언어로 부드럽게 말하는 습관은 말을 처음 배우는 과정에서부터 이루어진다. 어릴 때 익힌 언어 습관이 평생을 따라다니므로, 말을 처음 배우는 시기에 제대로 지도해야 한다. 듣기 능력은 의사소통의 가장 기본이라 할 수 있다. 따라서 들은 것의 핵심을 파악하고, 그것을 자신의 생각과 융화시켜 표현하는 방법을 길러주어야 한다.

흔히들 입으로 말을 한다고 생각하지만, 눈은 입보다 더 많은 말을 한다. 말로만 의사를 전달하려 하지 말고 눈과 입과 표정으로 대화를 이끄는 노력이 필요하다. 일반적으로 상대방을 보지 못하고 전화통화를 하는 것 보다는, 얼굴을 마주하고 대화를 나눌 때 말의 핵심을 더 빨리 파악할 수 있다. 이는 우리가 말을 할 때 사용하는 시선이나 표정, 손동작, 몸동작 등이 말의 내용을 약 30~40% 이상 전달해 주기 때문이다. 말을 효과적으로 전달하기 위해서는 자녀에게 제스처나 시선, 표정, 연기력 등을 가르칠 필요가 있다.

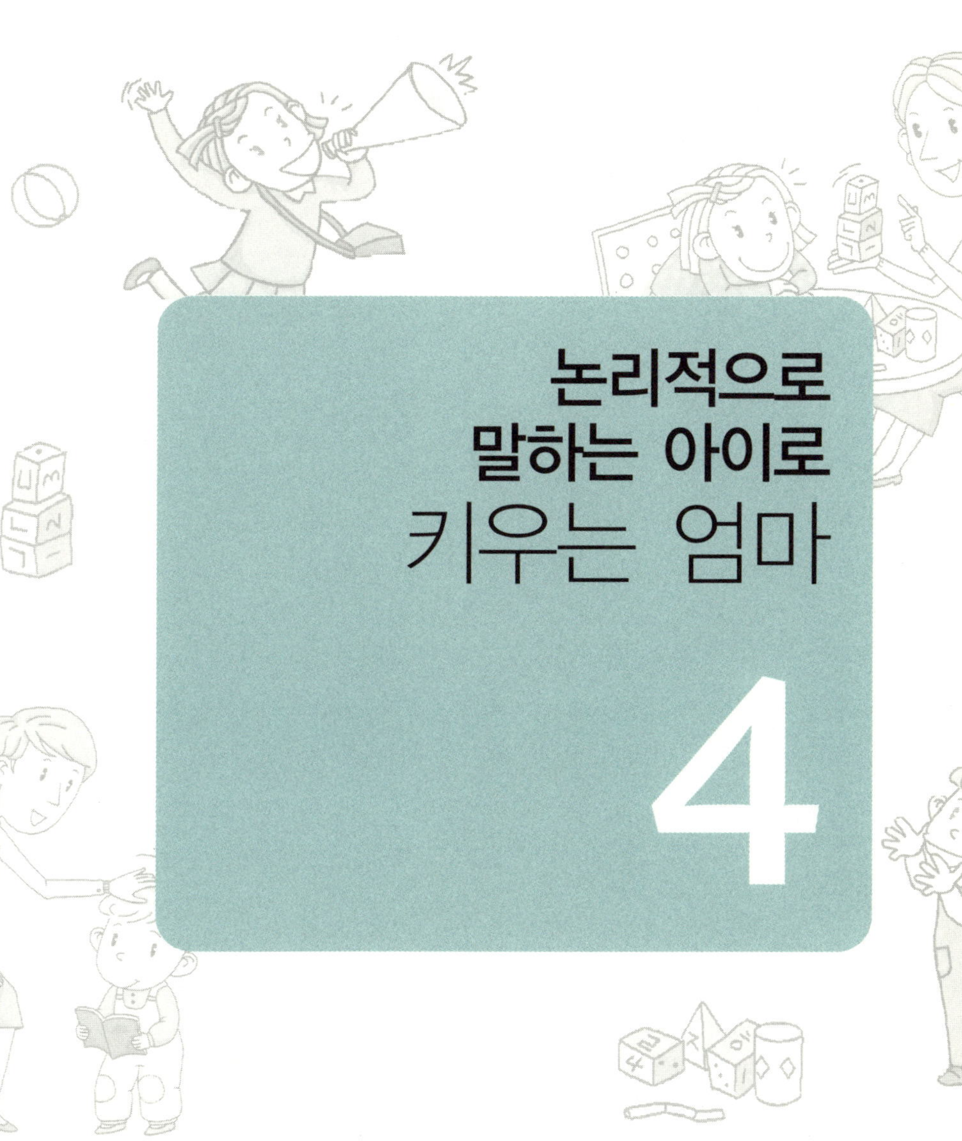
논리적으로
말하는 아이로
키우는 엄마
4

아이가 논리적으로 자신의 생각을 이야기할 수 있도록 이끌어내도록 하자. 전시회, 음악회, 미술관, 영화관, 여행 등 최대한 많은 볼거리와 경험을 제공한다, 요리할 때, 청소할 때, 쇼핑할 때도 최대한 그 상황을 이야기로 풀어내도록 한다. 새로운 사람, 친구, 가게 주인 등에게도 아이가 먼저 웃으며 인사할 수 있도록 기회를 제공하고 자신감을 키워 준다.

그러기 위해서는 부모가 꿈을 키워 주는 마인드를 가져야 한다. 아이와 장을 보러 시장에 가거나 가족 여행을 가서 상황이나 사물을 부정적으로 이야기하지 않는다. 부모가 긍정적이면 아이들도 낙천적으로 성장한다. 부모가 부정적이라면 아이 역시 매사에 비관적으로 변한다. 부정적인 태도는 사고의 진전을 막는다.

집밖으로 나오면 아이들은 모든 것이 새롭다. 질문할 수 있는 분위기를 조성한다. "저게 뭐지?", "어떻게 만드는 거야?" 등 아이의 질문은 끝이 없다. 이러한 아이들의 질문을 잘 활용하면 지적 호기심을 높이고 상식을 풍부하게 할 수 있다. 지식을 일방적으로 주입하는 것보다 아이가 관심을 가질 때 적절히 반응해 주면 이해도가 훨씬 높아진다. 단순히 답을 알려 주는 것이 아니라 아이 스스로 생각하고 답을 만들어 갈 수 있도록 한다. 아이는 질문에 대한 답을 찾는 탐색 과정을 통해서 창의력과 사고력을 키운다.

아이에게 자신감을 주는 따뜻한 말을 주로 한다. "넌 잘할 수 있어", "잘했어", "최고야" 등 긍정적이고 희망이 넘치는 말들을 많이 한다. 아이는 무의식중에 그런 말을 듣고 긍정적 사고와 자신감을 갖게 된다. 더불어 생각과 마음을 주고받는 대화를 나누려고 노력한다. 엄마에게 이 세상의 모든 비밀을 다 이야기할 수 있는 아이가 되도록 평소에 마음에서 우러나오는 대화를 많이 나눈다. 또한 아이와 대화할 때는 엄마와 자녀의 입장이 아닌 평등한 친구의 입장에서 말동무가 되어 주는 것이 좋다. 이를 통해 집 밖에서도 누구에게나 다정다감하고 진실어린 대화를 하는 신뢰받는 사람으로 자랄 수 있다.

부모의 나쁜 대화 습관부터 고치도록 노력한다. 부모의 사소한 말 한마디가 아이의 논리적 사고에 큰 영향을 미친다. 명령형 부모 밑에서 논술 꽝이, 설득형 부모 밑에서 논술 왕이 나오는 것을 항상 명심한다. 논술 우등생은 가족이 만드는 것이라 해도 과언이 아니다.

평소 결벽증이 있는 부모들은 노파심에서 "안 돼!"를 자주 외친다. 이런 부모 밑에서 자란 아이들은 '…하면 안 돼요?' 라는 부정적 화법을 쓰게 된다. 또 부모가 타박을 많이 하면 '… 같아요' 라는 자신감 없는 표현을 쓰며 상황을 모면하려 든다.

부모의 언어 습관이 아이의 사고방식을 결정하는 것이다. 하나를 말해도 주장과 근거를 갖춰 하는 게 좋다. 찡그리거나 무조건 다그치는 것은 절대 금물이다. 자기 삶에서 고민하는 문제에 대해 부모가 진지한 태도를 보이게 되면 아이들은 부모와의 대화를 즐거워하게 된다.

기본적으로 일주일에 두 번은 대화하려고 노력한다. 자녀와 약속한 시간을 정해두고 정기적으로 대화하는 게 좋다. 평일과 주말 등 비교적 여유로운 저녁 시간을 골라 식사하면서 대화의 물꼬를 튼다. 처음부터 논술을 염두에 두지 말고 가정에서 일어나는 소소한 문제들로 시작해 자녀와 합리적인 해결 방법을 같이 찾아내 본다. 패스트푸드, 컴퓨터 게임, 휴대전화 사용, 귀걸이 착용, 학원 다니기 등이 아이들이 크게 걱정하는 소재로 대화를 풀어나간다. 방법은 간단하다. 부모와 의견이 다른 문제라면 먼저 입장을 바꾸어 대화를 나눈 후, 다시 자기의 입장으로 돌아오는 두 번에 걸친 토론을 한다. 이런 토론이 익숙해지면 하루는 신문을 보고 다른 하루는 뉴스를 보며 이야기를 나누는 과정으로 넘어간다. 하루에 다섯 개의 주제를 스크랩한 뒤 그중 가장 관심 있는 것을 택해 글을 쓴 다음 토론을 시작한다.

사고의 5단계를 밟아라

독후감이나 일기와 달리 논술이나 구술은 독자나 청취자를 설정하고 그들이 던지는 질문에 답하는 방식으로 연습해야 한다. 횡설수설하는 아이들은 생각은 많지만 자기 글이나 말에 취해 논리 정연이란 것을 모른다. 반면 어떤 질문에도 단답형으로 끝내는 아이는 적절한 논리적 구성을 끌어내는 것을 어려워한다.

논술은 원고지 다섯 장 이상의 비교적 긴 글을 써야 하는 데 사고가 깊지 않은 아이들은 '서론 – 본론 – 결론'의 형식적 구성만으로 글을 쓰기 어렵다. 이런 경우 의문을 통해 다음 단계를 구상하도록 이끄는 논리적 5단계 구성이 좋다. 논리적인 각 단계를 연습할 수 있도록 자꾸 질문을 던지는 게 중요하다.

5단계 구성

1단계 : 상황을 제시한다.

2단계 : 그 문제의 원인을 밝힌다.

3단계 : 그에 따른 문제점을 제시한다.

4단계 : 대안을 제시한다.

5단계 : 그 대안의 근거를 밝힌다.

마지막으로 다양한 미디어에서 콘텐츠를 찾는다. 단락 구성 연습이 잘 되면 뉴스 등 매체를 통해 이야기를 찾는 (미디어 교육) MIE Media in Education에 도전해 보자. 이는 일상 문제 해결에서 나아가 사회화되는 과정이다. 1~3학년은 미담 기사를, 비판적 능력이 생긴 4학년 이후에는 고발성 비판 기사를 다루는 게 좋다. 국제 면을 스크랩하면서 세계 지도에서 해당 나라에 스티커를 붙여 간다. 그러다 보면 아이들은 스스로 미국, 일본, 중국을 벗어나 다른 문명권도 찾아 탐구하고 싶어 한다. 3개월 동안 꾸준히 하면 무려 100개 정도의 나라와 수도를 외울 수도 있게 된다. 특정 나라 편식 현상을 없애 다양한 문명권을 접하게 되어 글로벌 교육이 따로 없다. 아이들이 눈 뜨자마자 "오늘 신문 왔어요?"라고 외치면 반은 성공한 셈이다.

질문을 많이 하는 아이는 대답을 찾는 과정을 통해 두 뇌가 창의적으로 발달하게 된다. 그러나 엄마들이 흔히 저지르는 실수는 미리 대답을 정해 놓고 질문하는 것이다. 엄마의 결론을 아이에게 강요하지 말아야 한다. 성인들은 모든 면에서 아이들의 생각과는 다른 결론을 갖고 있다. 기초적인 상식이나 지식이 있고 자신만의 철학을 갖고 있기 때문이다. 그래서 부모는 자신도 모르는 사이에 이미 답을 정해 놓고 질문을 하는 것이다. 이에 해결 방법은 산수나 한글, 알파벳 등 답이 정해져 있는 질문은 되도록 피하는 것이다. 옳고 그름을 떠나 정답이 없는 질문은 엄마와 아이의 감성지수와 창의력을 동시에 길러준다.

그러기 위해서는 아이보다 인내심을 가져야 한다. 보통 엄마들이 아이보다 인내심이 없는 경우가 더 많다. 질문을 자기중심적으로 쏟아 놓고 아이가 적절한 대답을 하지 못하면 답답해하는 것이다. 아이에게 불만을 터뜨리기 전에 부모가 얼마나 아이의 눈높이에 맞는 대화를 구사했는지 점검해 본다. 자녀와 대화를 할 때는 최대한 자녀의 지적 발달에 맞추어 알기 쉽게 대화를 풀어 나가야 한다. 아이가 좋아하는 것과 싫어하는 것, 심지어는 표정까지도 읽어 가면서 관심은 물론 진지하게 성의를 다해서 대화에 임한다.

어떤 엄마들은 아이가 엉뚱한 질문을 하면 노골적으로 대답을 피하기도 한다. '몰라도 된다, 어른이 되면 다 알게 된다' 는 식의 대답은 아이의 창의성을 가로막는다. 아이의 질문이나 대답이 이상해도 절대로 비웃거나 피하지 말고 엄마도 창의성을 발휘해서 답하는 것이 아이의 창의성을 끌어내는 방법이다.

부모는 아이의 관찰자이자 안내자이며, 인생의 관리자가 아니다. 관리자 측면에서 보자면 아이의 말을 한마디, 행동 하나하나에 옳고 그름을 확인하고 야단치기에 급급해질 수 있다. 아이의 말을 판단하지 마라. 관찰자 측면에서 보자면 아이가 자주 선택하는 말이나, 보이지 않았던 장점과 단점을 알게 된다. 물론 모든 부모는 후자 쪽이 옳다고 생각한다. 하지만 행동은 전자 쪽이 가깝다. 내가 낳았고 기른다는 이유로 아이의 인생을 부모 자신의 인생과 혼동해서는 안 된다. 부모가 아이의 말을 자꾸 판단하고 행동에 개입하면 그 결과에 대한 책임은 아이가 아닌 부모가 지게 된다. 결국 부모가 원하지 않았음에도 불구하고 아이는 부모의 조언이나 간섭 없이는 아무것도 창의적으로 판단하고 결정할 수 없는 어른이 되어 버리는 것이다.

창의력은 우리 사회가 가장 원하는 능력이다. 창의력에는 여러 요소가 있지만 핵심은 표현력이다. 표현이 자유로운 아이는 그로 인해 창의력과 상상력이 무한대로 발산할 수 있다. 그 기초를 마련해 주는 것은 부모의 몫이다.

논리적으로 말할 수 있는 기회를 자주 만든다. 어떤 자리든 아이에게 가급적 말을 할 수 있는 기회를 마련해 주는 것이 좋다. 티

끌 모아 태산이 되듯이 경험이 자꾸 쌓이다 보면 적절한 어휘를 사용하며 조리 있게 말할 수 있는 순간이 온다. 아주 사소한 것이라도 아이가 이야기할 수 있는 기회를 준다. 동네 아주머니들께 인사를 하는 것부터, 동네 슈퍼에서 없는 물건을 문의하는 것, 가족끼리 외식을 가서 점원에게 이야기하는 것, 또는 아이가 어떤 사물이나 사람에 대해 부모님께 질문을 하는 등의 모든 경우를 기회로 생각한다.

가족끼리 동물원에 놀러 갔는 데 아이가 엄마에게 "엄마, 이 동물원에는 왜 기린이 없어요?"라고 질문하는 순간이 있다. 그러면 "글쎄, 정말 기린이 없네"라고 생각 없이 답하기보다는 직접 아이가 동물원 관계자에게 궁금한 것을 질문하고 그 답변을 가족들에게 말하도록 한다. 동물원 관계자의 이야기를 전달해야 하기 때문에 경청하는 연습까지 될 수 있다.

요즘 아이들은 어려서부터 자연스럽게 다양한 방송매
체를 접한다. 그래서인지 '저런 표현을 어디서 배웠을까' 싶을
정도로 어려운 말을 거리낌 없이 사용하는 모습을 볼 수 있다. 어
른들의 단어를 사용한다고 해서, 과연 그 아이가 말을 잘하는 것
일까?

말을 잘 한다는 것은, 때와 장소에 적절한 단어와 문장을 연령
대에 맞게 구사하되 자신의 생각이 녹아 있어야 한다. 말을 잘 하
기 위해서는 무엇보다 '말하기에 대한 두려움'이 없어야 한다. 이
는 평소 논리적이고 체계적인 생각의 힘을 길러주면 자연스럽게

해결된다. 외향적인 아이는 대인관계나 발표에 별 어려움을 겪지 않는다. 하지만 내성적인 아이를 부모의 욕심 때문에 강당 위로 내모는 것은 평생 '말하기에 대한 두려움을 갖게 하는' 지름길이다. 많은 사람들 앞에서 말하기에 대해 느낀 두려움은 어른이 되어서도 극복하기 힘들다. 따라서 아이의 성향에 맞는 말하기 교육이 필요하다.

남 앞에서 떨지 않고 말하는 방법

대중을 상대로 이야기 할 때 가장 주의 할 점은, 한 마디의 말이라도 또박또박 길고 명확하게 내뱉어야 하는 것이다. 본인의 의사와 상관없이 긴장하면 말이 빨라지게 된다. 따라서 아이의 말의 속도를 체크해 줄 필요가 있다. 천천히 명확하게 발음하려고 노력하는 행동은 말을 효과적으로 전달하는 방법이기도 하지만, 긴장을 푸는데 탁월한 효과를 보이기도 한다. 일반적으로 말을 더듬는 경향이 있는 사람이 말의 속도가 빠르다. 자신의 의사 전달력에 문제가 있음을 알기 때문에 대충 내뱉어 처리하려는 것이다. 하지만 자신의 의도와 달리 서두를수록 더욱 더듬게 되고, 말이 빨라진다.

아무리 대단한 내용을 준비했어도 듣는 사람에게 제대로 전달 되지 않는다면 아무 소용이 없다. 문화계나, 정·재계 인사 중 설득력 있는 화법으로 대중을 사로잡는 사람들은 발성부터가 다르다. 이들은 강약을 조절하며, 큰 소리로 또박또박 말을 한다는 공통점을 가지고 있다. 선천적으로 큰 목소리를 타고난 사람도 있고 속삭이듯 작은 목소리를 타고난 사람도 있다. 큰 목소리는 주위 사람들에게 피해를 주기 쉽고, 작은 목소리는 답답함을 느끼게 한다. 때문에 올바른 목소리를 내는 방법을 터득하는 것이 중요하다. 이는 평소의 마음가짐과 자신의 노력에 따라 얼마든지 바꿀 수 있다. 아이의 말하는 태도를 관심 있게 지켜보고 문제점은 무엇인지, 개선할 방법은 어떤 것인지 고민해 볼 필요가 있다.

인터넷과 휴대전화의 영향으로 아이들의 말이 점점 짧아지는 추세다. 아이들에게 익숙한 문자메시지, 메신저, 인터넷 댓글, 인터넷 채팅 등을 통하여 최대한 말을 줄여 쓰기 때문이다. 이 영향이 오프라인까지 전해져 '안습', '방가', '열공' 등 기성세대는 알아듣기조차 힘든 신조어를 쏟아내고 있다. 더 나아가 부모의 질문에 '몰라', '그냥', '짜증나' 등의 단발식 대답으로 일관하는 모습을 보인다. 이런 현상은 특히 아이들이 따분해 하고, 피하고 싶어 하는 주제와 연관된 질문 일수록 심하게 나타난다. 그렇다고 아이의 대답을 억지로 유도하려는 태도는 오히려 부작용을 초래할 수 있다. 제대로 된 자녀의 대답을 듣고 싶다면, 아이의 관심사를 찾아 그에 맞는 질문을 던져야 한다. 올바른 대화법을 위해 부모가 할 수 있는 코칭Coaching 노하우를 살펴보자.

코칭Coaching을 한 마디로 표현하면 '상대방이 자발적으로 행동하도록 촉구하는 커뮤니케이션 기술' 이다. 지시와 명령형이 아닌 질문과 제안을 하는 형식으로 질문을 하는 것이다. 단순히 '이렇게 해!' 라고 일방적으로 지시하고 명령하는 것은 일정한 성과밖에 얻지 못한다. 자녀가 가지고 있는 최대한의 역량을 이끌어 내려면, 몰두할 수 있는 질문을 생각해야 한다. 자녀에게 해답을 이끌어 내거나 스스로 제안을 내게 하는 등, 쌍방향 커뮤니케이션을 거듭하다 보면 아이는 자발적으로 행동하게 된다.

"너 다리 밑에서 주워온 애야" 또는 "자꾸 울면 넝마주이 할아버지한테 데려가라고 한다!" 등의 표현은 우리가 어릴 때 흔히 듣던 말들이다. 장난으로 던진 돌에 개구리가 맞아 죽는다는 말이 있듯이, 부모의 생각 없는 이 말들은 아이들의 작은 가슴을 멍들게 한다. 또한 다른 사람에게 아이를 표현 할 때 "애가 많이 덤벙거려요" 라든가 "너무 얌전해서 걱정이에요"라고 이야기하는 경우가 많다. 이는 부모의 일방적인 시각에서 아이의 행동규범을 단정 짓는 것이다. 자녀들은 반복되는 부모의 이런 말에 스스로를 가두고, 부모의 말처럼 행동하게 된다. 아무 생각 없는 것 같지만 부모의 말 한마디에 상처를 입었다가 희망도 얻는 것이 바로 우리 아이들인 것이다. 부모는 아이의 거울이다. 부모의 행동이 그대로 자녀에게 반영된다. 따라서 엄마가 먼저 올바른 표현, 바른 태도를 유지하는 것이 좋다.

코칭에서 반드시 지켜야 하는 원칙 중의 하나는 '쌍방향'이어야 한다는 것이다. 엄마의 말만 일방적으로 전달하는 것이 아니라, 아이와 함께 말하고 듣는 진정한 커뮤니케이션이 중요하다.

대화라는 것은 상대방에 따라 다른 방식으로 접근해야 한다. 같은 말을 해도 사람마다 다르게 받아들이기 때문이다. 개개인의 선호도와 취향에 따른 '맞춤식 대화'는 코칭의 근간을 이루는 요소다. 아무리 좋은 코칭이라도 해도 지속적이지 않으면 소용없다. 아이가 지향하는 바를 이해하고, 자녀의 모든 행동과 과정에 끊임없는 관심을 기울여야 한다.

아이를 코칭하는 것을 단순히 '가르친다 teaching'로 생각하면 안 된다. 무엇보다 '생각하게 한다 coaching'는 마음가짐이 필요하다. 아이의 의견이나 생각을 진지하게 받아들이며, 자녀의 감정을 부모의 마음대로 추측하거나 판단하지 말아야 한다. 무엇보다 주의할 것은 자녀를 평가하거나 비판하는 시선이 아닌, 이해와 사랑의 마음으로 바라보는 것이다.

질문의 유형

- **열린 질문 :** 언제, 어디서, 누가, 무엇을, 왜, 어떻게
- **닫힌 질문 :** '네', '아니오'로 대답할 수 있는 질문
- **한정 질문 :** 언제, 어디, 누구
- **확대 질문 :** 무엇, 왜, 어떻게

코칭을 성공시키는 다섯 가지 질문

- **확대 질문 :** 질문의 폭이 넓은 추상적인 질문으로, 여러 가지 대답을 할 수 있다.

- **긍정적 질문 :** 적극적인 대답을 요구하는 질문으로 적극적인 사고를 자극한다.

- **미래 지향적 질문 :** 과거의 일이 아닌 앞으로 어떻게 할 것인가를 생각하게 만든다.

- **깊이 있는 질문 :** 좀 더 깊이, 구체적으로 생각하게 하려는 질문이다.

- **방향 전환 질문 :** 사고의 각도나 테마를 바꾸어 다각적으로 생각하게 만든다.

4 부모의 말하기 평가

평가 **부모의 논리적 말하기 수준 진단**

※ '네'가 여섯 개 이상이면 주의 요함

1 생각나는 대로 말해 버린다. (예 __ , 아니오 __)

2 일일이 설명하기가 귀찮아서 말을 생략하는 경우가 많다. (예 __ , 아니오 __)

3 감정적으로 반응할 때가 많다. (예 __ , 아니오 __)

4 상투적인 표현을 자주 사용한다. (예 __ , 아니오 __)

5 상대의 반응은 아랑곳하지 않고 일방적으로 말할 때가 있다.

(예 __ , 아니오 __)

6 상대의 말을 느긋하게 들어 주는 편이 아니다. (예 __ , 아니오 __)

7 '왜'라고 질문하는 경우가 별로 없다.   (예 ___ , 아니오 ___)

8 '왜?'라고 물어봐도 제대로 설명하지 못할 때가 많다. (예 ___ , 아니오 ___)

9 프레젠테이션이나 발표를 할 때, 내용 준비는 자신이 하지만 발표는 다른

   사람이 주로 한다.   (예 ___ , 아니오 ___)

10 사람들 앞에서 이야기할 때 종종 자신 없는 모습을 드러낸다.

                                                        (예 ___ , 아니오 ___)

11 근거를 조목조목 대지 못하고 자기주장만 되풀이한다. (예 ___ , 아니오 ___)

12 핵심을 마지막에 꺼낼 때가 많다.   (예 ___ , 아니오 ___)

❶ 책을 소리 내어 읽어 준다

녹음테이프를 들려주기보다는 부모가 직접 책을 읽어 준다. 중간
에 아이가 잘 모르는 단어가 나오면 되풀이해 설명해 준다.

❷ 완벽한 문장으로 말하게 한다

아이가 '물' 이라고 하면 "목마른데 시원한 물 좀 주세요" 라고
고쳐 준다. 누가, 언제, 어디서, 무엇을, 어떻게, 왜… 의 육하원칙
중 빠진 부분이 있으면 지적해 준다.

❸ 아이의 말을 경청한다

중간에 말을 자르거나 윽박지르지 않는다. 이해가 안 되는 부분

이 있으면 다 듣고 질문한다.

❹ 합리적인 근거를 대도록 유도한다

의견을 말하고 '왜?'라고 자꾸 되물어서 근거가 무엇인지 밝히는 연습을 시킨다. 이를 통해 논리적 사고를 키울 수 있다.

❺ 칭찬과 분석을 병행한다

"그랬구나. 너무 재미있다" 등으로 칭찬해 준 뒤 분석을 덧붙인다. 그리고 "다음엔 더 좋은 얘기 기대 할게"라며 칭찬으로 마무리한다.

❻ 모르는 말은 물어보게 한다

단어나 표현을 몰라서 말을 못 하는 일이 없도록 모르는 말은 꼭 물어보라고 한다. 그리고 아이가 물어보면 친절하게 대답해 준다. 엄마도 애매한 단어가 있을 땐 국어사전을 찾거나 인터넷을 검색해서 꼭 정확하게 알아 둔다.

❼ 다양한 질문을 던진다

공부나 학교에 관련된 질문 대신 아이가 즐겨 보는 드라마나 신

문 기사, 게임 내용을 주제로 삼아 다양한 대화를 한다.

❽ 부모 스스로 말하기에 관심을 가진다

아이의 말하기 행동의 거울은 부모이다. 부모부터 논리적으로 말

하는지 점검하고 노력한다.

부록

1 협상과 제안을 유리하게 이끄는 커뮤니케이션 기법

살다보면 누구나 거절을 해야 하는 경우가 생긴다. 자신을 믿고 어렵게 부탁한 사람에게 'NO' 라고 말하기란 그리 쉬운 일이 아니다. 거절하는 방법은 많지만 애매모호하게 빙빙 돌리거나, 단호한 태도를 보이는 것은 좋지 않다.

상대방의 기분을 고려하며 우선 '자신에게 부탁을 해 주어서 고맙다'는 인사를 한다. 그리고 거절의 이유를 구체적이고 공손하게 밝힌다. 특히나 거절 할 때는 '쿠션 단어'를 사용하도록 한다. 쿠션 단어란 남의 기분을 부드럽게 해주는 말로 일방적인 '~

하자!'가 아닌 '~하면 어떨까?'라는 식으로 부드럽게 이야기하는 것이다. 사소한 표현의 변화로 얼마든지 상대방의 기분을 유쾌하게 만들 수 있다.

쿠션 단어는 아래와 같다.

- **말하기 어려울 때 :** 용기 내서 말하는데, 확실치는 않지만, 고민 많이 했는데….

- **상대를 배려할 때 :** 미안하지만, 피곤하겠지만, 송구스럽지만, 외람되지만, 많이 바쁘겠지만, 귀찮을지 모르지만….

- **부탁할 때 :** 미안하지만, ~ 해줄래?, 잠깐만 실례 좀 할게….

- **적절한 타이밍을 기다릴 때 :** 지금 괜찮니?, 시간 좀 내줄래?, 잠깐만 이야기해도 돼?….

협상 시, 무엇보다 중요한 것은 설득력이다. 이런 협상에 대비해 평소 대화할 때 '사실'과 '의견'을 분명히 구분하도록 가르친다. 정확한 논리가 뒷받침 되지 않으면 협상은 이루어지기 어렵다.

집에서도 소소한 생활의 요구나 결정을 하게 될 때 아이로 하여금 협상을 통해 얻을 수 있도록 교육한다. 부모에게 때를 쓰거나 억지를 부려 자신이 원하는 것을 쟁취하는 아이의 태도를 묵인해서는 안 된다. 일방적 부탁이 아닌 win-win 전략(너와 나 모두에게 이득)으로 협상을 유도하는 방법을 가르쳐라.

2 상황에 맞는 언어 사용과 적절한 인사법

아무리 논리적으로 이야기를 잘 한다고 해도 남을 배려 하는 마음이 없으면 무용지물이다. 매너는 타인에 대한 배려와 존중의 표현이다. 매너 좋은 아이는 언제 어디서나 사랑 받는다. 논리적 말하기가 때와 장소에 맞는 말하기라면, 매너는 때와 장소에 맞는 행동이라고 할 수 있다. 이 두 가지가 동반 되어야 훌륭한 말하기라 할 수 있다.

0~2세의 말하기 매너

- 자기가 듣는 것은 무엇이든 앵무새처럼 따라 할 수 있을 때다. 아이 앞에서는 말을 조심하고, 모방해도 좋은 말을 자주 사용하도록 한다.

- 이 시기에는 타인의 말을 따라 하기는 하지만 뜻을 알지는 못한다. 따라서 적절한 상황 속에서 '고맙습니다' 혹은 '미안합니다'를 사용하여 아이가 따라 할 수 있도록 한다.

- 배변 훈련을 시작할 때다. 생리 현상에 관한 다양한 정보를 아이에게 전달해 준다. 하지만 배변 훈련 중 습득한 지식은, 욕실에서만 이야기 하도록 교육시킨다.

3~5세의 말하기 매너

- 존댓말은 물론 '미안합니다', '고맙습니다', '실례합니다' 등을 말할 수 있다. 하지만 존댓말을 사용한다고 해서 아이가 그 뜻을 정확히 아는 것은 아니다.

- 쉽게 흥분하고 자주 잊어버리는 시기다. 따라서 엄마가 부드럽게 '집에서는 작은 목소리로 이야기 해 주세요' 라고 얘기할 필

요가 있다.

- 이 시기에는 친구들과 나누는 대화와 가족 간의 대화에 차이가 있음을 알게 된다. 따라서 또래 집단이나 TV에서 배운 거친 말투 등은 사용하지 않도록 교정한다.

6~7세의 말하기 매너

- '미안해요', '부탁합니다', '고맙습니다' 등의 말의 뜻을 알게 된다. 따라서 아이 스스로 상황에 맞는 멘트를 구사할 줄 안다.
- 언어발달에 퇴행이 일어나는 시기이기도 하다. 또래 집단과의 어울림 혹은 동생이 생김으로써 나타나는 현상이다. 말을 잘 하던 자녀가 아기 말투나 발음으로 부모를 당황하게 하는 경우가 있다. 이때 무조건 혼내지 말고 아이가 통제력을 잃지 않도록 충분한 대화를 나누도록 한다.
- 불현듯 떠오른 자기 생각이나 아이디어를 잊어버리지 않으려고, 어른들의 대화에 끼어들기 시작한다. 대화 중 흥분했을 때 특히 이런 양상을 보인다. 타인과의 대화 매너를 가르치고, 상대방의 이야기를 제대로 듣도록 지도한다.

- 식사도중 트림을 하거나 방귀를 뀌고 혼자 깔깔거릴 수 있다. 이런 행동은 부모의 눈에는 귀여워 보일지 모르지만, 다른 사람들에게는 불쾌할 수 있다. 따라서 아이에게 '죄송합니다.' 라는 표현을 하도록 가르친다.

8~10세의 말하기 매너

- 이 시기의 아이들은 스스로 옳고 그름을 판단 할 수 있다.
- 아이가 어렸을 때부터 부모가 좋은 모범을 보였다면 올바른 예절을 가르치기가 쉽다.
- 정해진 규칙을 잘 지키는 아이에게는 자긍심을 가지도록 칭찬한다. 아이가 어떻게 규칙을 지키는지 눈여겨보고, 그 모습을 엄마가 얼마나 자랑스러워하는지 표현해 준다. 칭찬을 많이 받은 아이일수록 타인에 대한 배려와 칭찬을 아끼지 않는다.

11세 이상의 말하기 매너

- 언어의 기술을 습득하고 체질화 할 수 있는 나이다.
- 또 어른을 비롯해 또래 친구들, 선·후배들과의 상호 교류가 원

활해지는 시기다.

- 이 시기의 남자 아이들은 말보다 행동을 더 좋아한다. 아이의 행동을 긍정적으로 평가하는 이야기를 많이 해 준다.

훌륭한 듣기 요령

- 말하는 것 보다 듣는 것이 더 어렵다.
- 귀로만 듣지 말고 눈빛, 표정, 고개를 끄덕이는 등 몸으로 듣는 자세를 갖춰야 한다.
- 눈을 마주치는 것이 부담스럽다면, 4~5초 간격으로 상대방의 미간을 바라본다.
- 다리를 떨거나, 손을 쉴 새 없이 움직이는 행동은 교정한다.
- 의문이 생겨도 상대방의 말이 끝나기를 기다린다.
- 대화중 의문 나는 점은 메모로 기록했다가, 상대방의 말이 끝나면 물어본다.
- 상반되는 의견이나 질문이 있을 때에는, 상대방의 양해를 구한다.
- 상대방의 말이 틀리더라도 자신의 순서를 기다린다.

- 대화중 전화가 오거나 급히 일어나야 할 상황이 생기면, 정중하게 이야기를 하고 상대방의 이해를 구한다.

모든 어린이들이 논리적으로
말하게 되는 날을 꿈꾸며

커뮤니케이션 전문가로 어린 아이부터 의사, 약사, 건축 설계사, 변호사, 경영 컨설턴트, 대학 교수 등 다양한 전문직 종사들을 가르친 지 몇 해입니다. 그런데 의외로 '말'로 먹고 산다는 직업을 가진 분들의 스피치 능력이 많이 부족함을 느꼈습니다. 이는 어릴 때부터 제대로 된 '말하기 교육을 받지 못했기' 때문에 나타나는 현상입니다.

지구상의 동물 중 인간만이 타고나는 능력이 바로 언어입니다. 아이들의 언어 발달은 엄마의 사랑과 관심을 얼마나 받았느냐에 따라서 달라집니다. 생후 6개월 안에 고아원이나 인큐베이터 등 병원 신세를 진 아이들은, 또래에 비해 매우 느린 언어 발달을 보

입니다. 느끼기에 따라서는 언어 지체에 가깝기도 합니다. 예상과 달리 형제·자매가 많은 집의 아이들 보다 외동아이가 일반적으로 말을 빨리 배웁니다. 또래집단에서는 말 보다는 몸짓이나 표정, 괴성 등으로 의사소통을 하기 때문입니다. 아이들이 사물의 개념이 풍부할수록 어휘력은 높아집니다. 어휘력이 높아지면 사고력과 인지 능력 더불어 발달하지요. 지능과 사고, 기억, 모방, 상상력 등 지적인 능력이 발달된 아이일수록 언어 능력이 빨리 발달 합니다. 이는 환경의 영향을 받은 결과 입니다.

따라서 아이의 언어 능력은 부모에게 물려받은 선천적인 요인들과, 성장하면서 겪게 되는 환경, 즉 후천적인 요인에 따라 전혀 다른 결과를 얻게 되는 것입니다. 부모의 노력이 그만큼 중요하다는 뜻이겠지요.

특히 우리나라는 외국과 달리, 어린 시절부터 말할 기회가 많지 않습니다. 더구나 체계적으로 말하기 교육을 요하는 사회 환경도 아닙니다. 때문에 어른이 되어서도 발음, 속도, 크기 등의 기본 스피치 능력이 부족합니다. 더불어 대화하면서 상대방과 눈을 마주치지 못하거나, 구부정한 태도로 다리를 떠는 등 자세 역시 좋지 않습니다. 사람의 신뢰도는 말하는 태도에서도 결정되는 데 말입니다. 어린 시절부터 자연스럽게 커뮤니케이션 스킬을 늘려야 하는 데, 기본 교육조차 받아 본 적이 없으니 성인이 되어서도 문제가 생기는 것입니다. 특히 부정확한 발음이나, 크고 작은 목소리의 문제는 아이의 성격까지 소극적으로 만듭니다. 때문에 말하기에 따른 여러 가지 문제는 반드시 어린 시절에 잡아줘야 합니다.

정확한 발음, 전달력 있는 목소리, 적절한 속도 등 좋은 말하기 그릇에 논리적으로 말하는 음식을 담아내는 능력이야 말로 현 커뮤니케이션 시대가 요구하는 것입니다. 요즘은 의사가 병원을 개

원하든, 경영 컨설턴트가 고객 상담을 하든, 모든 직업에서 대화 능력이 요구됩니다. 어쩌면 실력보다도 상대방과 소통하는 실제 커뮤니케이션 능력이 더 중요시 되는지도 모르겠습니다.

커뮤니케이션communication이란, 라틴어의 '나누다'를 의미하는 'communicare'에서 유래 했습니다. 현대 사회에서는 '어떤 사실을 타인에게 전하고 알리는 심리적인 전달'의 뜻으로 쓰입니다. 그런데 대화를 하다보면 동문서답을 하는 사람들을 흔하게 볼 수가 있습니다. 언어는 듣는 사람의 관점을 고려해 사용하는 것 입니다. 하지만 이를 제대로 터득하지 못하면 의사소통에 문제가 생깁니다. 더 나아가 또래 집단이나, 사회생활에서도 장애를 겪습니다. 말 그대로 '커뮤니케이션이 되지 않는' 상황인 것입니다.

대부분의 현대인들은 학교, 직장, 혹은 동호회 등의 많은 단체에 소속이 되어 있습니다. 혼자서는 살 수가 없는 환경이지요. 따라서 기본적인 업무 보고부터, 비즈니스 협상에 이르기 까지 '말을 할 수 밖에 없는 환경'에 노출 되어 있습니다. 원치 않아도 사람들 앞에 나서 의견을 말해야 하는 상황이 많아진 것입니다. 아침부터 저녁까지 쉴 새 없이 ‘말’이라는 것을 하면서도, 본격적인 ‘대화’에 앞서 작아지는 것은 왜 일까요?

일례로 저에게 커뮤니케이션을 코칭 받는 치과 의사 한 분이 있었습니다. 얼굴도 예쁘고 실력도 뛰어난 데 고객을 대할 때, 친구와 수다를 떨 듯 발음을 가볍게 하는 경향이 있었습니다. 중요한 단어나 어려운 의학 용어를 사용함도, 불분명한 발음과 빠른 말로 환자들에게 혼란을 주었습니다. 그런데 정작 문제는 환자의 상태를 설명하다가 할 말을 놓쳐 ‘내가 무슨 이야기를 하다가 여기까지 왔지’라는 생각을 종종 한다는 것입니다. 상황이 이렇다 보니, 환자와 인간적으로는 친해져도 믿음을 주지 못해 고가의 시술을 맡기는 사람은 적다고 털어 놓았습니다. 아무리 뛰어난 재능과 능력을 갖췄을지라도 커뮤니케이션 기술이 부족하면 실력을 선보일 기회조차 얻지 못하는 것이 요즘의 현실입니다. 하지만 연습 앞에 장사 없다는 말이 있듯이, 스스로의 노력으로 이런 문제는 얼마든지 고칠 수 있습니다.

「끝없는 도전과 용기」의 저자이자 ‘경영의 귀재’로 불리는 GE

전 회장 잭 웰치도 어릴 때, 심한 말더듬이로 사람들의 눈총을 받았다고 합니다. 하지만 주의의 놀림에도 불구하고 어머니만은 그를 믿었습니다. "네가 말을 더듬는 것은 생각의 속도가 빨라 입이 그것을 따라가지 못하기 때문이야. 조금도 걱정하지 마라. 너는 자라서 큰 인물이 될 거야" 말더듬이로 놀림 받던 아이가, 칭찬을 밑바탕으로 '어머니의 말 그대로' 성장한 것입니다.

자녀의 언어 발달 능력이 또래 보다 조금 늦다고 해서 부모가 조급한 생각을 가지면, 그 마음이 아이에게 전달됩니다. 그러면 부모의 채근과 노력에도 불구하고 개선되는 속도가 현저히 느려집니다. 부모보다 더 답답한 아이의 마음을 이해하고, 지금이라도 함께 '말하기' 능력을 길러보는 것은 어떨까요? 타인의 말을 잘 들어주는 사람이 말도 잘하게 되어 있습니다. 21세기를 이끌어 나갈 귀한 자녀의 소리에 귀 기울여 주시기 바랍니다.